Patrick Peters

Von Jerusalem nach Paris

Der Heilige Gral zwischen Mythos und Literatur

Dem Freunde und Verleger

Oliver D. Bidlo

in Dankbarkeit zugeeignet

Der Autor

Patrick Peters, Jahrgang 1983, Journalist und Buchautor; 2003 bis 2006 Magisterstudium der Fächer Germanistik, Anglistik und Amerikanistik an der Universität Duisburg-Essen; Doktorand im Fach Neuere Deutsche Literaturwissenschaft an der Bergischen Universität Wuppertal; bisherige Veröffentlichungen im Oldib Verlag: Edda. Einführung. 2007. Patrick Peters lebt und arbeitet am linken Niederrhein.

Patrick Peters

Von Jerusalem nach Paris

Der Heilige Gral zwischen Mythos und Literatur

Oldib Verlag

Bibliografische Information der Deutschen Nationalbibliothek
Die Deutsche Nationalbibliothek verzeichnet diese
Publikation in der Deutschen Nationalbibliografie;
detaillierte bibliografische Daten sind im Internet
über http://dnb.ddb.de abrufbar.

www.oldib-verlag.de
Oldib Verlag Oliver Bidlo
Lerchenstr. 37
45134 Essen
www.oldib-verlag.de
Umschlaggestaltung: Oliver Bidlo

Herstellung: Books on Demand GmbH, Norderstedt

ISBN 978-3-939556-09-1

Inhalt

I. Gral und Gralsforschung – warum?

Anstelle einer klassischen Einleitung, in der Ansatz, Ziel und Vorgehensweise der Untersuchung detailliert ausgebreitet werden, will ich in das Buch starten mit dem Versuch einer Antwort. Einer Antwort auf die Frage, weshalb dem Heiligen Gral – was immer dieser Gral auch sein mag – seit vielen Jahrhunderten immer wieder (höchste) Aufmerksamkeit und Beachtung zu Teil wird und warum es überhaupt notwendig ist, über den Heiligen Gral – was immer dieser Gral auch sein mag – zu sprechen.

Der Heilige Gral

Historisch gesehen dürfte dem Gral mittlerweile kaum noch mehr als eine Fußnote zukommen. In der Kathedrale von Valencia wird der so genannte Santo Cáliz, ein Kelch aus Achat, als wichtige Reliquie aufbewahrt. Der Santo Cáliz wurde von den ersten 25 Päpsten (bis ins späte dritte Jahrhundert hinein) als Abendmahlskelch verwendet und wird heute von zahlreichen Gläubigen als Heiliger Gral verehrt. Die Kirche ist sich sicher, dass die Achat-Schale von Valencia jener Kelch ist, mit dem der „Tradition nach Jesus Christus selbst das Sakrament der heiligen Eucharistie begründete"[1], und auch sein Alter wird von der Forschung in die Zeit Jesu datiert. Folgt man dieser offiziell-wissenschaftlichen Lehrmeinung, ist das Mysterium des Heiligen Grals damit geklärt; beziehungsweise: Es gab nie wirklich ein Grals-Mysterium. Der Heilige Gral ist der Kelch des letzten Abendmahls, den Jesus Christus mit seinen Lippen berührt hat; ein hohes, wenn nicht das christliche Heiligtum schlechthin also.

Doch im gleichen Artikel von Michael Hesemann, einem arrivierten Fachmann und guten Kenner der Materie, ist auch von der „Sage vom 'Heiligen Gral'" die Rede. Welche Sage? Wieso gibt es eine Sage rund um etwas, dass offiziell geklärt wurde? Und was ist überhaupt eine Sage? Laut den Brüdern Grimm, den deutschen Märchen-Volkshelden, ist eine Sage eine Erzählung von unwahren, phantastischen Geheimnissen, die auf einem realen historischen Fundament ruhen oder als Wahrheitsbericht gemeint sind.[2] Schauen wir uns kurz in der Kultur- und Literaturgeschichte um. Es gibt die Geschichte vom Schatz der Nibelungen[3], der im Rhein liegen soll und um dessen Auffinden und Verschwinden zahlreiche ‚wilde' Geschichten voller Magie und Phantastik sich im *Nibelungenlied* ranken. Verortet werden die Geschehnisse rund um den Drachentöter Siegfried, seine Frau Kriemhild und deren Brüder im mittelrheinischen Burgunderreich, später im Donauland Österreich-Ungarn, datiert in die Zeit der germanischen Völkerwanderung. Hier haben wir es, das dürfte klar sein, mit einer Sage zu tun: Die Geschichte bewegt sich auf historischem Boden, aber beispielsweise Siegfrieds Unverwundbarkeit oder die Unsichtbarkeit schenkende Tarnkappe des Zwergen Alberich entheben das *Nibelungenlied* der Realität und führen eine generell vorhandene magisch-mythische Ebene in den Text ein. Gleiches gilt weitestgehend für die arthurische Literatur, also die Texte, meistens Epen, die sich mit König Artus und seiner Tafelrunde befassen. Historisch sprechen wir von einem britischen Stammesfürsten Artus (oder englisch Arthur), der um 500 gegen die auf den britischen Inseln einfallenden Angeln und Sachsen kämpfte. Zur Sage werden die Geschichten insofern, als dass die historischen Themen mit Einflüssen aus der keltischen Mythologie und märchenhaften Inhalten verschmelzen, wie zum Beispiel die Entrückung von Personen in andere Welten.

Kommen wir zurück zum Heiligen Gral, von dem es laut Hesemann eine „Sage"[4] gibt. Nach der gängigen (wiewohl literaturwissenschaftlichen) Definition der Sage dürfte es also mit der historischen Klärung nicht getan sein, um dem Wesen des Grals gerecht zu werden; etwas anderes muss dahinter liegen, es muss etwas geben, das über die offiziell anerkannte Lehre hinaus geht. Doch was kann das sein? Es sind wohl kaum die großen mittelalterlichen Gralsromane (Kapitel II) oder die Gralsrezeption durch Richard Wagner von Hesemann gemeint; aus ihnen sind, im Gegensatz zum beispielsweise *Nibelungenlied*, keine Volksmythen, die zum bildungsbürgerlichen Fundus gehören, hervorgegangen, allerhöchstens haben sie *Anregungen* zur Ausarbeitung von Mythen/Sagen rund um den Gral gegeben. Die von Hesemann als Sagen bezeichneten Geschichten und Darstellungen stammen aus jüngster Zeit und wurden von selbst ernannten Gralsforschern, Spekulanten und Possenreißern aufgesetzt, die sich mit häufig mehr als abwegigen Theorien gegenseitig zu übertrumpfen suchen; mit diesen Spekulationen werden wir uns in der zweiten Hälfte des Buches eingehend beschäftigen, sie sollen dann entkräftet werden.

Es ist wie es ist: Die Spekulationen sind vorhanden, sie sind größtenteils in den Fundus eines fragwürdigen modernen Allgemeinwissens eingegangen. Doch wie konnten diese Sagen, ich will die Spekulationen beziehungsweise Verschwörungstheorien im Folgenden im Sinne einer Vereinfachung/Verkürzung einmal so bezeichnen, auf solch fruchtbaren Boden fallen? Und warum ist es überhaupt der Heilige Gral, der solches Aufsehen erregt, nicht irgendein anderes christliches ‚Ding', wie zum Beispiel die Lanze des Longinus? Über diese ist hier kurz zu verhandeln, auch wenn der Fluss dadurch ein wenig unterbrochen wird; denn die Longinus-Lanze ist doppelt wichtig, einmal im Kontext unserer aufgeworfenen Fragen, einmal im Hinblick auf einen Teil der folgenden Untersuchung (Kapitel II).

Die Lanze des Longinus

Als christliche Reliquie – eine solche ist ja auch der Gral – besitzt die Lanze des Longinus in etwa die gleiche Bedeutung wie das Heilige Kreuz oder das Grabtuch von Mailand; gleichwohl ist sie in den Köpfen von Gläubigen und andersartig Interessierten aber wesentlicher weniger verankert, ist sie doch das Werkzeug eines bösartigen römischen Kriegsknechtes, der den am Kreuze hängenden Jesus Christus in die Seite sticht, so dass allerlei Körperflüssigkeiten austreten (genauer: Blut und Wasser). Was beim ersten Hören beziehungsweise Lesen (die Szene stammt aus dem Johannes-Evangelium) eher grässlich und wenig verehrungswürdig sich gibt, verkehrt sich schnell zum Gegenteil, schaut man auf die Symbolik, die durch diesen Stich in ‚Gang gesetzt wird'. Darüber hat Konrad Burdach, ein angesehener Kenner solcher Themen und bedeutender Philologe, in seinem Standardwerk *Der Gral. Forschungen über seinen Ursprung und seinen Zusammenhang mit der Longinuslegende*[5] eingehend gesprochen. Ich fasse hier die wichtigsten Aussagen Burdachs zur Heiligen Lanze zusammen. Burdach geht, auf der Grundlage des Johannesevangeliums, davon aus, dass es sich bei dem Lanzenstichs des Longinus in erster Linie weder um eine Tat zur Feststellung des Todes Jesu Christi noch um eine Tat zur Beschleunigung seines Todes handele. Vielmehr sieht er im Lanzenstich eine symbolische Handlung des Johannesevangeliums, in dem das „Mysterium der Opferung und Auferstehung"[6] einen Ausdruck gefunden hat. Weiter sagt Burdach, dass das Phänomen der Seitenwunde, aus der Wasser und Blut (*sanguis et aqua*) fließt, gerade *nicht* physiologisch-medizinisch zu erklären ist, wiewohl das möglich wäre. Für ihn spiegeln sich in den beiden Flüssigkeiten beide Seiten des Kommens Christi wider, also Wasser für die Taufe im Jordan und Blut für die Kreuzigung; in ihrer Verbindung, wie sie in dieser Lanzenszene erscheinen, stellt sich für Burdach Christi „überirdische Doppelnatur“[7] dar, in der sich das göttliche und menschliche Element in einem Wesen vereint. Zudem, so fügt Burdach hinzu, könne die Wirkung des Lanzenstichs in Jesu Seite als göttliches Wunderzeichen für die Umstehenden gelten.[8] So viel zur Lanze in der biblischen Darstellung; nun ist, anhand von wenigen Beispielen, von der Bedeutung der Lanze für spätere Jahrhunderte zu reden. In einem altfranzösischen Chanson über Karl den Großen etwa wird die Lanze als „Symbol und Werkzeug der Weltherrschaft“[9] hingestellt, beim Abt Thiofried von Echternach soll sie am Ende aller Tage in der Hand Jesu Christi als Königsspeer und Abzeichen von Allmacht aufblitzen. Wir sehen also: Die Lanze des Longinus ist, wie der Gral, religiös und politisch von hoher Bedeutung für den christlichen Kulturkreis, doch ist ihre (Massen-)Rezeption, verglichen mit dem Heiligen Gral, verschwindend gering.

Nun will ich versuchen, die oben gestellte Frage zu beantworten. Ich bin in erster Linie der Auffassung, dass der Gralsmythos für die Masse so interessant ist, weil er noch nicht abschließend aufgeklärt worden ist. Das setzt ihn von anderen bedeutenden ‚Gegenständen' – wie der eben eingehend behandelten Longinus-Lanze, dessen Bedeutung klar ist – der christlichen Kulturgeschichte ab, und deshalb entwickeln sich immer neue Theorien (Sagen) zu diesem Thema. Das ist aber nur das oberflächlich sichtbare Ergebnis; untergründig geht es in meinen Augen um etwas anderes, wesentlich bedeutenderes: um Religion. Ich sage (ohne es indes wissenschaftlich begründen zu können), dass die in jüngster Zeit kursierenden Sagen vom Gral psychologisch-spirituell begründet sind (wenn man einmal den bösartig-banalen Aspekt einer rein auf schnelle Buchverkäufe abzielenden Strategie außer Acht lässt). Die Menschen erschaffen und glauben an die zahllosen Theorien, weil der Gral ein Sinnbild für göttliche Erlösung und vielleicht Gott persönlich ist; und das in einer Zeit, in der die institutionalisierten Religionen schwer rückläufig sind, Menschen aber gleichzeitig ein neues religiöses Bedürfnis entwickelt und sich auf die Suche nach einer Art Individual-Religion oder religiösen Selbstverwirklichung gemacht haben – Esoterik und New Age Bewegung sind in diesem Zusammenhang die Stichwörter.[10] Was die Kirchen in den Augen vieler Menschen nicht mehr können, nämlich Besinnung und in einem gewissen Sinne Geborgenheit und Schutz zu bieten und Wege zur Erlösung aufzuzeigen, wollen sie auf einem anderen Wege erlangen. Dafür suchen sie sich Wegpunkte und Ziele, an die man sich klammern, die man vielleicht auch abseits einer gängigen Lehrmeinung für sich selbst relativ leicht personalisieren kann. In diese Entwicklung passen die Gralslegenden wie die sprichwörtliche Faust aufs Auge: Jeder sucht seinen eigenen Gral als eigenes Sinnbild für etwas Höheres, Göttliches; damit wird aus einem historisch-wissenschaftlich fassbaren Kelch ein spirituell-esoterisch besetztes und überhöhtes Symbol. Und von der Ausrichtung her völlig unterschiedliche Gralsmythen erleben eine feurige Rezeption vermutlich vor allem bei den Menschen, die sich dadurch einen Weg zu einer höheren Erkenntnis versprechen. Doch es gibt eine andere Gruppe von Menschen, die mehr als offen für Theorien und Spekulationen zum Gral sind: Leider ist es der Fall, dass die modernen Gralssagen oft bei denen Gehör finden, die sich zumeist aus Abscheu vor der Geschichte, den Dogmen etc. aktiv von der Kirche losgesagt haben und auf verschiedenen Wegen versuchen, die Kirche (besonders die katholische) in Misskredit zu bringen. Dies sind keine Menschen, die ihr persönliches Heil schlicht und ergreifend nicht in der Kirche finden, sondern meist zynische Verächter der Institution. Was ich damit genau meine (und was dabei herauskommt), werden wir in einem späteren Kapitel sehen.

Doch was hat es mit dem Titel des Buches auf sich, der zunächst mehr an einen Reisebericht denn an eine Studie zu Wesen und Beschaffenheit des Heiligen Grals erinnert: *Von Jerusalem nach Paris*. Der Gedanke an einen Reisebericht ist dabei gar nicht einmal abwegig, denn eine Reise ist es, die wir hier unternehmen wollen; eine Reise, die uns auf den Spuren des Heiligen Grals von Jerusalem zur Zeit Jesu Christi und dann der Kreuzzüge bis ins Paris unserer Gegenwart führen wird. Diese Orte sind die ‚Brennpunkte' jeder Beschäftigung mit dem Heiligen Gral: Zum einen, weil Jerusalem als Stadt der Passion Christi Ausgangspunkt für das Gralsabenteuer des altfranzösischen Dichters Robert de Boron ist, mit dessen Roman *Die Geschichte des heiligen Gral*[1] der Grundstein gelegt wurde für das Verständnis des Heiligen Grals als Kelch, den Jesus Christus am Tag vor Gefangennahme, Passion und Kreuzigung bei der Feier des Letzten Abendmahles mit seinen Jüngern benutzt haben soll als „Kelch des Neuen und Ewigen Bundes", wie es in der Liturgie heißt. Zum anderen, weil Jerusalem als Heilige Stadt der Christen etwas weniger als 1000 Jahre nach dem freiwilligen Opfer Jesu Christi zum Hauptquartier des ebenso geheimnisvollen wie legendenumrankten Templerordens wurde, nachdem Kreuzfahrer die Stadt 1099 von den Muslimen erobert hatten. Von diesem geistlichen Ritterorden also wird erzählt, dass er tief unter den Ruinen des alten Salomonischen Tempels nach Schätzen und Geheimnissen gegraben habe, und dabei auf den Heiligen Gral gestoßen sei. Durch diesen (angeblichen) Besitz sollen die Templer zu Macht und Reichtum gekommen sein – und, so wird spekuliert, auch zu ihrem Ende. Die Diskussionen um die Verbindung des Heiligen Grals und dem Orden der Tempelritter haben wir auch dem mittelalterlichen Epiker Wolfram von Eschenbach zu verdanken: In seinem Roman *Parzival*[12] lässt Wolfram von Eschenbach so genannte *templeise*, die vom Auftreten/Aussehen her den Templern durchaus ähnlich sind, den Gral bewachen – so generiert zum Beispiel Wolfram den Mythos einer Verbindung von Templern und Gral. Und warum Paris zum Ende der Reise, als Schlussetappe auf der Jagd nach dem Heiligen Gral? Eben weil Paris eine ähnlich wesentliche Bedeutung besitzt wie Jerusalem. Denn in der französischen Kapitale mit all ihren Kulturdenkmälern und (kunst-)historischen Schätzen kulminiert nicht nur unsere Beschäftigung, sondern auch die des Personals im großen Gralsroman des 21. Jahrhundert: Dan Browns *Da Vinci Code*[13]. Bei Brown ist Paris die Stadt des Heiligen Grals, nachdem dieser rund 1000 Jahre zuvor – das zweite wichtige Jerusalem-Grals-Ereignis liegt also genau zwischen Etappe 1 und Etappe 3! – von den Templern aus der Heiligen Stadt weggeschafft worden war. In der Stadt an der Seine nun liegt der Gral begraben – und zwar im doppelten Sinne. Einmal, weil Dan Brown als Autor ihn dort lokalisiert; und einmal, weil Browns Roman bis heute den Schlusspunkt unter die Tradition der großen epischen Bearbeitungen der Suche nach dem und des Wesens des Heiligen Grals gesetzt hat. Der Gral hat – bildhaft gesprochen – in Paris seine Ruhe gefunden. Dem entsprechend gibt es auch für uns nichts mehr zu tun, sobald wir Paris auf den Spuren Dan Browns und seines Grals erkundet und ihn dort entdeckt haben: Unsere Reise ist dann – wie die des Grals in der Literatur – beendet. Wir haben mit der Suche im Nahen Osten begonnen und sind in Westeuropa herausgekommen.

Eine Legitimation erhält diese Arbeit dadurch, dass sie weder eine neue „Sage vom Gral“ entwerfen noch eine bestehende ausweiten und mit neuen problematischen Erkenntnissen garnieren will. Vielmehr dient *Von Jerusalem nach Paris. Der Heilige Gral zwischen Mythos und Literatur* dazu, einen Überblick über das, was im Laufe zahlreicher Jahrhunderte zum Gral erschienen ist (von den ersten vorsichtigen Äußerungen in der Bibel, über die mittelalterlichen Epiker bis hin zu den seltsamen Auswüchsen des späten 20. und der künstlerischen Umsetzung im frühen 21. Jahrhunderts) zu liefern und zu schauen, wo in welcher Art und Weise mit dem Gral umgegangen wird, wo die verschiedenen Theorien vom Wesen und Ursprung des Grals herstammen und was ihre Aussage beziehungsweise Bedeutung sein könnte. Schlussendlich will dieses Buch dann versuchen, eine Kritik zu formulieren und einen Ausblick in die Zukunft der Beschäftigung mit dem Gral wagen.

II. Der Gral in der mittelalterlichen Literatur

In diesem Kapitel werden wir auf drei Gralsdarstellungen in der mittelalterlichen Literatur eingehen, nämlich bei Chrétien de Troyes[14], Wolfram von Eschenbach[15] und Robert de Boron[16]. Dabei soll uns vor allem interessieren, wie die drei Dichter, die sich rühmen können, *die* wesentlichen Gralsdichtungen des Mittelalters verfasst zu haben, den Gral sehen und in welche Umgebung sie ihn einordnen. Darüber kann eventuell auch die Frage nach möglichen Ursprüngen einer (oder mehrerer) Gralsvorstellung(en) beantwortet werden. Wir werden die Dichter in folgender Reihenfolge behandeln: Wolfram von Eschenbach – Chrétien de Troyes – Robert de Boron. Die Chronologie muss aus einem einfachen Grund gebrochen werden; aufgrund des Umfangs der Darstellungen. Chrétien hat seinen Parzival-Roman nicht beendet, Wolfram indes hat ihn fortgeführt. So haben wir bei Wolfram mehr Inhalt als bei Chrétien, den es zu behandeln gilt; durch die vorgezogene Darstellung des Romans Wolframs von Eschenbach werden wir einen detaillierten Überblick über die Inhalte der Parzival-Sage erhalten, von der aus wir nun auf die „kurze" Fassung Chrétiens heruntersteigen können. So sparen wir uns die Darstellung des Inhaltes von Chrétiens Roman, da dieser Wolframs Text – abgesehen von feinen Nuancen, die höchstens für die Philologen interessant sind – gleicht. Schließlich ist für uns nicht der philologische Vergleich zwischen den beiden Romanen wichtig, so dass wir nicht den ersten vor dem zweiten untersuchen müssen.

Wolfram von Eschenbach

Viel wissen wir nicht über den Dichter, der sich in seinen Versromanen *Parzival* und *Willehalm*[17] an insgesamt vier Stellen (*Parzival*: 114,12; 185,7; 827,13 – *Willehalm*: 4,19) *Wolfram von Eschenbach* nennt und von sich sagt, er könne *ein teil mit sange* (*Parzival* 114,13), das heißt, er sei ein Sänger, ein Dichter des staufischen Mittelalters. Was wir indes – ohne verklärend oder romantisierend zu werden – sagen können, ist folgendes: Wolfram[18] war gewiss kein hoher oder bedeutender Adliger; eher kann er sozial dem Stand der Berufsdichter zugerechnet werden, die ihr Leben lang von der Gunst reicher Gönner[19] abhängig waren.[20] Das darf man sich nicht als ausschweifendes Mäzenatentum vorstellen, durch das die Dichter Reichtümer anhäuften, vielmehr bestand die Unterstützung in erster Linie darin, literarische Vorlagen zu beschaffen[21], teures Pergament und unter Umständen Schreiber zur Verfügung zu stellen und dem Dichter einen sehr bescheidenen Lebensstandard zu sichern. Als Gönner Wolframs ist namentlich Landgraf Hermann I. von Thüringen bekannt; dies geht aus *Willehalm* 3, 8-9 hervor. Für *Parzival* und *Titurel*[22] gibt es einen solchen Beleg in den Texten nicht, doch man ist „versucht, das ganze epische Werk an den Thüringer Hof zu versetzen".[23] Einigermaßen klar können wir Wolframs von Eschenbach Heimat lokalisieren: Er stammte ziemlich sicher aus Bayern, genauer entweder aus dem oberpfälzischen Eschenbach südöstlich von Bayreuth oder dem mittelfränkischen Ober-Eschenbach. Beide Möglichkeiten lassen sich aus verschiedenen Textpassagen herauslesen.[24]

Wolframs von Eschenbach *Willehalm* ist eine Verserzählung, die, wie bereits gesagt, am Hofe des Thüringer Landgrafen Hermann I. entstanden ist; das Werk, zu datieren ins endende zweite Jahrzehnt des 13. Jahrhunderts, gilt als eine der bedeutendsten Dichtungen der mittelhochdeutschen Epoche, wenngleich es sicherlich – zumindest heutzutage – zu den seltener gelesenen Werken jener Zeit gehört. Wolfram nahm sich für seinen *Willehalm*, in dem sich stilistisch Elemente aus der altfranzösischen Heldenepik, der *Chanson de geste*, und der klassischen höfischen Epik verbinden, zwei literarische Vorbilder: die *Chanson de Guillaume* und die *Chanson d'Aliscans*. Beide Texte handeln von Guillaume d'Orange, dem Grafen Wilhelm von Toulouse, der 1066 heilig gesprochen wurde. Er war ein Enkel Karl Martells, eines fränkischen Herrschers, auf den die Gründung des Geschlechts der Karolinger zurückgeht und der durch seinen Sieg in der Schlacht von Tours und Poitiers die islamische Expansion im Westen beendete. Dieser Wilhelm von Toulouse hatte unter den christlichen Königen Karl der Große und Ludwig der Fromme gegen Basken und Sarazenen gekämpft und die Spanische Mark, die alte politisch-militärische Grenzregion des Frankenreichs auf der Iberischen Halbinsel, gesichert. 812 starb Wilhelm von Toulouse, zurückgezogen aus dem weltlichen Leben, im Kloster Gellone. Um den eben erwähnten Stoff, dem Kampf in der Spanischen Mark, dreht sich die *Chanson de Guillaume*, die *Chanson d'Aliscans* erinnert an eine Schlacht zwischen Christen und Muslimen in der Provence.

Wolframs *Willehalm* ist in einen Prolog und neun Bücher unterteilt, wobei der Text nur fragmentarisch enthalten ist; er bricht plötzlich ab. Im Prolog macht Wolfram durch die Voranstellung eines Gebets an den dreieinigen Gott klar, dass es sich beim *Willehalm* um ein religiöses Werk fern aller artushaften Aventiure, das heißt fern aller Themen des klassischen Artusromans, handelt. Der Text behandelt folgende Geschichte, ich zitiere die Zusammenfassung in der *Geschichte der deutschen Literatur im hohen Mittelalter*[25]; auf eine Interpretation des Romans wird wie unten für den *Titurel* verzichtet; hier soll nur ein Überblick über die Werke des Gralsdichters Wolfram verzeichnet werden:

Der heidnische Großkönig Terramer ist mit einem riesigen Heer in der Provence gelandet, um den Abfall seiner Tochter Arabel (die sich auf den Namen Gyburg hat taufen lassen) zu rächen. Der Markgraf Willehalm von der Provence hat sie entführt und geheiratet. Auf dem Schlachtfeld Alischanz wird Willehalm vernichtend geschlagen. Ganz alleine kommt er nach Oransche zurück. Er läßt die Stadt in der Obhut seine Frau und reitet nach Munleun, um vom französischen König Loys Hilfe gegen die Heiden zu erbitten. Dort trifft er seinen Vater und seine Brüder, die ihm sofort Unterstützung zusagen, während der König erst mühsam dazu bewegt werden muß, den Krieg gegen Terramer zur Reichssache zu machen. Der wichtigste Helfer, den Willehalm in Munleun gewinnt, ist der riesenhafte Rennewart, Terramers Sohn, der unerkannt am Königshof als Küchenjunge dient. Willehalm führt das Heer nach Oransche und von da weiter nach Alischanz, zur zweiten Schlacht gegen Terramer. Die Heiden sind dem Sieg schon nahe, als Rennewart mit seiner Stange die Entscheidung zugunsten der Christen herbeiführt. Die Freude über den Sieg wird jedoch durch das rätselhafte Verschwinden Rennewarts getrübt. Niemand weiß, wo er geblieben ist. Willehalm lässt die im Kampf gefallenen Heidenkönige einbalsamieren und in ihre Heimat überführen. An dieser Stelle bricht die Dichtung ab.[26]

Vor eine einigermaßen verworrene Situation wird der Rezipient des dritten Wolfram-Romanes *Titurel*[27] gestellt: Es existieren nur zwei inhaltlich zusammenhängende Fragmente[28] des Textes, die zusammen in bloß einer Handschrift[29] überliefert sind. Auch die Bezeichnung „Titurel" für den Roman scheint irreführend, denn die Geschichte handelt von den Figuren Sigune und Schionatulander, genau jene Sigune, die bereits als wichtige Nebenfigur aus dem *Parzival* (siehe unten) bekannt ist und in Wolframs Fragment die Hauptrolle spielt. Genau genommen müsste das Werk getreu mittelalterlicher Tradition nach ihr benannt sein. Seinen Namen hat der *Titurel* jedoch von der ersten im Roman vorkommenden Person; eben jener Titurel, der in der ersten Strophe des Romans genannt wird, ist ein Ahnherr des Gralsgeschlechts, deren Genealogie im Anfang des *Titurel* dargelegt wird. Dennoch ist der *Titurel* kein Gralsroman im eigentlichen Sinne, sondern eine „tragisch endende Liebesnovelle“[30], in der es vor allem um den Gedanken einer „religiös erhöhten Minne“[31] im Gegensatz zu einer kritisierten „frühhöfischen Minneauffassung“[32] geht. Historische Figuren wie im *Willehalm* finden wir im Wolframs letzten Text keine, ebenso wenig ist es möglich, eine (oder sogar mehrere) literarische Vorlage(n) auszumachen – der *Titurel* scheint ganz allein Wolframs Schöpfung gewesen zu sein. Eine weitere Besonderheit macht die Form aus: Wolframs Dichtung von Sigune und Schionatulander ist das „erste höfische Epos, das in Strophen gedichtet (und sicherlich gesungen worden) ist. Die Anregung dazu muß vom 'Nibelungenlied' gekommen sein“.[33] Zuvor waren alle höfischen Epen Versromane. Zudem wird der Text von der neueren Forschung als „eine der geheimnisvollsten Dichtungen der höfischen Zeit“[34] bezeichnet, während die ältere, allen voran Müllenhoff und Grimm, zwei große Erforscher der mittelhochdeutschen Kulturlandschaft, den *Titurel* einhellig und überschwänglich lobten.

Die beiden *Titurel*-Fragmente lassen sich inhaltlich in zwei Gruppen teilen, nämlich 1. in die gemeinsame und getrennte Frühzeit der Geliebten Sigune und Schionatulander und 2. in die gemeinsame Zeit bis zum tragischen Ende der Beziehung. Im ersten Teil werden die Protagonisten eingeführt, durch ihre Mutter gehört Sigune zum Gralsgeschlecht, Schionatulander stammt aus der Sippe des Gurnemanz von Graharz ab, der ebenso im *Parzival* eine wesentliche Rolle inne hat. Beide sind bereits in frühen Kinderjahren Waisen und werden von Parzivals Mutter Herzeloyde aufgezogen. Schon früh fühlen sich die beiden durch aufkommende Minne, also rechte höfische Liebe, zueinander hingezogen, jedoch verlangt Sigune von ihrem Freund Schionatulander, dass er sich erst in der Welt durch ritterliche Taten bewehrt und dadurch als minnewürdig erweist. Um diese Vorgabe zu erfüllen, begleitet der jugendliche Schionatulander Gahmuret (auch eine wichtige Figur aus dem *Parzival*) auf seinen letzten Kriegszug in den Orient. Während dieser Zeit der Trennung fallen beide in eine tiefe Minnekrankheit, die Wolfram in zwei parallelen Minnedialogen, die Sigune mit Herzeloyde beziehungsweise Schionatulander mit Gahmuret führt, thematisiert. Das zweite *Titurel*-Fragment setzt mitten in einer Wald-Szene mit den beiden Liebenden ein, indem das Schicksal über sie kommt, das Sigune im *Parzival* schildert: Schionatulander fängt einen entlaufenen Hund ein, auf dessen Leitseil (eine Art Kandare oder Gängelband) eine Geschichte eingeschrieben ist; in dieser ist die Rede von der großen Minne von Clauditte zu Ehkunat, dem Clauditte Hund und Leitseil als Liebesbotschaft gesandt hat. Doch der Hund reißt sich los und läuft weg, während Sigune die Inschrift liest, und diese verspricht Schionatulander ihre volle Hingabe, wenn er ihr das Leitseil des Hundes wiederbeschaffen möge. Schionatulander macht sich auf die Suche – damit endet das Fragment, nicht jedoch bevor noch einige Vorausdeutungen gemacht wurden, aus denen man herauslesen kann, dass Schionatulander die Suche nicht überleben wird.

Damit sind wir am Ende unseres kurzen Überblicks zu Wolfram von Eschenbach und seinem epischen Werk angelangt; daran anschließend können wir uns der Erforschung des *Parzival* und der ihm innewohnenden Grals-Thematik zuwenden. In diesem Roman werden wir sehen, wie das Thema des Heiligen Grals Wolfram von Eschenbach gefesselt haben muss, ja was der Gral ihm bedeutet haben muss. Denn: Ein großer Teil des Romans dreht sich ausschließlich um die Jagd des Helden Parzival nach dem Gral, verknüpft (einen eigens geschaffenen) Mythos mit bester Literatur – und passt damit bestens in das Konzept dieser Studie, die nicht umsonst den Untertitel *Der Heilige Gral zwischen Mythos und Literatur* trägt.

Wolframs *Parzival* gilt als der beliebteste (und ist damals wie heute vermutlich auch meist gelesene) höfische Roman des deutschen Mittelalters, sowohl gleichnamiger Held als auch das Symbol des Grals sind bestens einem großen Publikum bekannt und wurden in zahlreichen anderen literarischen Text adaptiert. Ein großes Problem des *Parzival* ist die Quellenfrage, also die Frage nach dem Ursprung des Themas beziehungsweise der Urdichtung: Wolfram selbst nennt einen gewissen Kyot als Quelle seines Romans, während die höfische Gestaltung, wie wir gesehen haben, von Chrétien de Troyes stammt und Wolfram sich auch ganz offensichtlich – kritisch – auf den Franzosen bezieht. Der *Perceval* Chrétiens aber blieb Torso, es bricht etwa mit dem 13. Buch von Wolframs Roman ab; die französischen Fortführungen des *Perceval* kann Wolfram nicht gekannt haben. Für die germanistische Forschung stellt sich also noch immer die Frage, woher Wolfram jene Stoffmenge nimmt, „die teils in dem mit Chrestien vergleichbaren Stück, teils und vor allem aber am Anfang und am Ende von Wolframs Werk vorhanden ist“.[35]

Der *Parzival* besteht im Grunde aus drei Teilen, die sich jeweils durch einen anderen Hauptdarsteller auszeichnen: die eigentliche Parzivalhandlung in den

Büchern IV-VI, IX und XIV-XVI; die Abenteuer des Artusritters Gawan, dem zunächst exklusiv die Bücher VII-VIII und X-XIII gewidmet sind, dessen Weg von Buch XIV an jedoch in den Parzivals einmündet; die Vorgeschichte in den ersten beiden Büchern, die Parzivals Vater Gahmuret gelten und die mit dem Ende des Werkes im 15. und 16. Buch durch die Figur des Feirefiz, Parzivals Halbbruder als Sohn Gahmurets und der Heidenkönigin Belakane, verknüpft sind.

Gawan

Wir beginnen mit Gawan, womit wir Chronologie und Aufbau des Romans entgegenstehen; für unsere Zwecke jedoch ist wichtig, dass wir Parzival, obschon zentrale und tragende Figur, hinten anstellen, damit unsere Untersuchung des *Parzival* dort ihren sinnvollen Höhepunkt finden kann.[36] Die Figur des Artusritters Gawan ist nicht nur aus Wolframs und/oder Chrétiens Gralsroman bekannt, sondern ist ein in der gesamteuropäischen Literatur des Mittelalters gern gesehener Gast. Unter anderem ist er der Titelheld des mittelenglischen Epos' *Sir Gawain and the green night*, das zum Beispiel vom Mittelerdeschöpfer J.R.R. Tolkien vorbildlich ediert wurde

Inhalt: Gawan wird in dem Moment zum handlungstragenden Held, wo die hässliche Gralsbotin Cundrie, auf die wir noch einzugehen haben, die Artusrunde betritt und von der Gefangenschaft einiger hundert adliger Mädchen und Frauen auf dem Burg Schastel marveile erzählt; unter den gefangenen Damen befinden sich Verwandte des König Artus und Gawans selbst. Nachdem Cundrie die Tafelrunde verlassen hat, betritt ein anderer uneingeladener Gast den Tafelsaal: Kingrimursel, der Landgraf von Schanpfanzun, bezichtigt den edlen Artusritter Gawan des heimtückischen Mordes am König von Ascalun, des Landgrafens Lehnherr, und fordert Gawan zum Gerichtskampf zur Feststellung von Schuld oder Unschuld auf. Gawan zieht sofort vom Hofe Artus' aus.

In der folgenden Sequenz, in der es um die Geschehnisse in Ascalun und den angeblichen Mord durch Gawan geht, führt Wolfram von Eschenbach vor, welche negativen Konsequenzen unverhohlenes sexuelles Verlangen haben kann – auch oder sogar vor allem für einen weit gerühmten Artusritter. Gawan tritt auf König Vergulaht, dessen Vater er angeblich erschlagen haben soll; dieser empfiehlt ihm die Gastfreundschaft seiner Schwester Antikonie, einer attraktiven Frau. Gawans offensiv zur Schau gestelltes Verlangen stößt bei Antikonie auf Gegeninteresse und führt den Artusritter in eine gefährliche Situation: Beim Liebesspiel werden die beiden entdeckt und die Bevölkerung – natürlich alles Untergebene des Königs Vergulaht – macht gegen die ‚Aktivitäten' Gawans, die sie für Vergewaltigungsabsichten halten, regelrecht mobil. Nur schwer kann Gawan die Angriffe der wütenden Bewohner zurückschlagen, da er weder bewaffnet noch ausreichend gerüstet ist. Als König Vergulaht selbst in de Kampf eingreift, scheint Gawans Lage endgültig verloren, doch er bekommt Hilfe vom Landgrafen Kingrimursel, der sich schützend vor ihn und damit gegen seinen eigenen König stellt – schließlich hatte der Landgraf Gawan freies Geleit bis zum Gerichtskampf zugesichert, an dieses Versprechen ist der Adlige gebunden. Nach einer heißen Diskussion im Beraterkreis des Königs wird beschlossen, dass Gawan die Stadt frei und ohne Schande verlassen darf; Gawan bekommt auferlegt, für den König nach dem Gral zu suchen. Zum Gerichtskampf, der nach dem Beschluss des Königs verschoben wird, kommt es nicht mehr, Gawans Unschuld wird später aufgedeckt.

Der zweite Teil der Gawan-Handlung setzt damit ein, dass der Ritter, nachdem er sich in Freundschaft von seinem ehemaligen Herausforderer Kingrimursel getrennt, einen schwer verletzten Ritter heilt und auf die Burg Logroys reitet. Dort begegnet er der Herrin des Landes, Orgeluse von Logroys, von deren Schönheit der Artusritter sofort in Bann geschlagen wird; ihrer Liebe verschreibt sich der Ritter (und fordert natürlich Gegenliebe), obwohl er von Orgeluse nur Schimpf, Spott und Hohn empfängt und sie ihm voraussagt, dass er in ihrem Dienst / als ihr Freund ein kampferfülltes Leben zu führen hat, an dessen Ende nur Schimpf und Schande stehen können. Trotz dieser seltsamen Behandlung, die lange andauert, hält sich Gawan an sein ritterliches Versprechen, Orgeluse zu dienen (und wir werden sehen, dass sich seine Treue schlussendlich auszahlen soll). Mit Orgeluse reitet er zum Ufer eines Flusses, an dessen gegenüberliegenden Seite sich eine, so sagt Wolfram, Zauberburg befindet; damit ist das von der Botin Cundrie angesprochene Schastel marveile gemeint, in der die Gefangenen ohne höfische Freude und ohne Liebe leben müssen. So will es der böse Burgherr, der Zauberer Clinschor. Die Herrin Orgeluse setzt mit einer Fähre über den Fluss und lässt Gawan am Ufer zurück, der sich dort mit einem aggressiven Ritter zu fechten hat. Bleibe er siegreich, verspricht ihm Orgeluse, dürfe er sie wiedersehen. Gawan besiegt den angreifenden Ritter Lischoys Gwelljus und kehrt im

Haus des Fährmann, der am Fluss seinen Dienst tut, ein. Dieser Fährmann gibt Gawan schließlich auch Ratschläge, wie er sich in der verzauberten Burg zu verhalten hat, um die auf ihn zukommenden Abenteuer siegreich bestehen zu können. Im Schloss muss Gawan verschiedene Tücken überwinden, unter anderem ein spiegelglatter Boden und ein verrückt gewordenes Bett, dass wie wild durch den Raum jagt, sobald der Artusritter sich darauf niedergelegt hat. Zudem wird er von fünfhundert Schleudern und Armbrüsten angegriffen und muss sich eines bösartigen Löwen erwehren. Gawan besteht alle Abenteuer und hat damit den Zauberbann, der über dem Schloss liegt, gebrochen. Durch die Kämpfe schwer verwundet, bricht Gawan zusammen, wird jedoch von denen durch seinen Sieg befreiten Frauen geheilt. Schlussendlich feiert Gawan mit der ihn anfangs schmähenden Orgeluse auf der entzauberten Burg Schastel marveile die Hochzeitsnacht, die Herzogin wird seine Frau; Gawans Treue und beständige Dienstbarkeit haben sich ausgezahlt und alles zum Guten gewendet.

Interpretation: Gawan ist als höfisch-galanter Held, der Frauen und Minne im Sinne der höfischen Freude ‚hinterherjagt', der Gegenpol zur Figur Parzivals. Seine Abenteuer spiegeln in einem gewissen Sinne die von Parzival, nur dass sich Gawan auf einer anderen Stufe des Rittertums befindet. Gawan besteht seine Abenteuer durch seine schiere ritterliche Kraft, er ist der typische Vertreter des hohen Artusrittertums und lebt in der Welt eines von Gott behüteten und gesellschaftlich angesehenen Rittertums (während Parzival, aber das wird unten zu verhandeln sein, aus dieser weltlichen Rittersphäre entrückt ist und später mit dem stereotypen Adels-Habitus in seinen unterschiedlichen Ausprägungen nichts mehr zu tun haben wird). Gawan ist „Exempla der höfischen Minne"[37] und vor allem dafür verantwortlich, in Unordnung geratene Minne wieder in eine rechte Position zu führen. Das gelingt ihm beispielhaft in der Doppelhandlung um Orgeluse und das Zauberschloss Schastel marveile. Während Herzogin Orgeluse ihren Geliebten Cidegast verloren hat (er wurde getötet) und sich deshalb an allen Rittern rächen will, indem sie sie ins Verderben führt, hat der Burgherr von Schastel marveile, der Schwarzmagier Clinschor, seine gesellschaftliche Ehre verloren: Er wurde vom König von Sizilien entmannt, weil er die Königin Siziliens zur Geliebten hatte. Diesen Verlust von Würde, Ehre und Manneskraft will er dadurch rächen, dass seine Gefangenen auf Schastel marveile ein Leben ohne höfische Freude führen müssen – also das gleiche Schicksal erleiden, das auch ihm zuteil wurde. Gawans Abenteuer auf Schastel marveile sind jeweils Teil eines größeren Erlösungswerks, das die „Minne als Triebkraft der höfischen Gesellschaft“[38] wiederherstellen soll. Das von Wolfram benutzte Motiv der doppelten Minneerlösung wird durch seine Hochzeitsnacht mit Orgeluse auf Schastel marveile deutlich: Gawan macht durch diese Nacht nicht nur die „Gesellschaft dort wieder der Minne zugänglich“[39], sondern enthebt natürlich auch Herzogin Orgeluse ihrem ‚minnelosen' Zustand. Im Ende führt der hohe Ritter die Gefangenen der Zauberburg und seine Frau zum Artushof, wo die Gawan-Handlung mit einer großen Hochzeitsfeier beschlossen wird (auf der auch Gawans Mutter noch einmal heiratet).

Parzival

Über die Familie des Titelhelden Parzival und die Taten seines Vaters Gahmuret informieren die ersten beiden Büchern des Romans.

Inhalt: Gahmuret ist der zweite Sohn des Königs von Anschouwe (Anjou) und partizipiert durch seine späte Geburt nicht am Erbe seines Vaters. Ohne großen Besitz zieht Gahmuret in die Welt, um ritterliche Taten zu vollbringen und gesellschaftlichen Ruhm zu erlangen. Seine erste Station führt ihn an den Hof des Kalifen von Bagdad, anschließend kämpft er für die dunkelhäutige Königin Belakane, die er heiratet und mit ihr einen Sohn, Feirefiz, zeugt; jener Feirefiz ist am ganzen Körper schwarz-weiß gescheckt. Seine Geburt erlebt Gahmuret nicht mehr, da er unterdessen zurück nach Europa gereist ist und dort bei einem Turnier die Hand der schönen Königin Herzeloyde und die Länder Waleis und Norgals gewonnen hat. Auch mit ihr zeugt er einen Sohn, eben den Namensgeber des Romans, Parzival. Doch auch Herzeloyde verlässt er, bevor ihr Sohn das Licht der Welt erblickt. Gahmuret kehrt in den Orient zum Kalifen von Bagdad zurück und fällt in seinen Diensten. Feirefiz wird im vorletzten Buch des Romans zur handelnden Figur: Im Wald trifft er, der Herrscher über 25 Länder, auf seinen Halbbruder Parzival, sie kämpfen miteinander; dabei zerbricht Parzivals Schwert, weshalb Feirefiz seinem unterlegenen Gegner Frieden anbietet. Zusammen reisen die Brüder erst zum Artushof, später zur Gralsburg, wo sich der Heide Feirefiz taufen lässt und die Gralsträgerin Repanse de Schoye heiratet. Zusammen zeugen sie den Sohn Johann, den man, in Wolframs Worten, „priester Jôhan man den hiez“ (*Parzival*, 822,25). Dieser Sohn des Parzival-Bruders soll der legendäre Priesterkönig Johannes sein, der als mythischer Regen des Mittelalters ein großes und mächtiges christliches Reich im südlichen und östlichen Asien beherrschen soll.[40]

Interpretation: Die Umrahmung der Haupthandlung durch die Geschichten des Vaters und des Bruders gelten in der Forschung als *die* wesentliche Neuerung gegenüber dem Gralsromans Chrétiens von Troyes. Das Leben Gahmurets weist exemplarisch auf das Parzivals hin, und Parzival bekommt von seinem Vater die guten ritterlichen Haupteigenschaften der *kiusche* (Keuschheit, Sittsamkeit), *triuwe* (Aufrichtigkeit, Zuverlässigkeit, Treue) und *staete* (Beständigkeit, Festigkeit) vererbt. Durch die Einarbeitung der Figur des Feirefiz könnte Wolfram auf den Sieg einer allgegenwärtigen christlichen Gottesherrschaft hingewiesen haben: Feirefiz als heidnischer König lässt sich taufen, und durch die Herrschaft des christlichen Priesterkönigs Johannes über ein endloses Reich in ursprünglich heidnischen Ländern wird die Herrschaft Gottes beziehungsweise die Botschaft Gottes als weltumspannend betrachtet. In dieser Welt hat ein vorchristlich-urzeitliches Heidentum keinen Bestand und keine Legitimation mehr. Doch eines muss hinzugefügt werden: Vor dem Ende der Heidenwelt liegt die christliche Ära Parzivals, dessen Weg wiederum in geheimnisvoll-halbdeutlicher Weise auf die Stationen der Heilsgeschichte hinweist: am Anfang das ‚paradiesische' Waldleben, in das die Sünde einbricht; in der Mitte das Karfreitagserlebnis: Gottes Menschwerdung und Erlösungswerk; am Ende das endzeitliche Reich des Grals.[41]

Doch nun kommen wir endlich zu Parzival, seinem Weg zum Gralskönigtum und der Darstellung des Heiligen Grals in der Dichtung Wolframs von Eschenbach. Wie in den vorangegangenen Abschnitten beginne ich mit dem Inhalt der Parzival-Handlung und füge wichtige Fragen der Interpretation in die Zusammenfassung ein (entgegen der Methodik in den beiden vorangegangenen Abschnitten). Damit ergibt sich dann – in Verbindung mit den ersten beiden Abschnitten zum *Parzival* – ein Gesamtbild des Romans. Hinauslaufen wird dieser Teil dann auf die Untersuchung der Gralsdarstellung.

Nach dem Tod ihres Mannes Gahmureth hat sich die schöne Herzeloyde mit ihrem Sohn Parzival in die Abgeschiedenheit der Wälder zurückgezogen; zum einen aus Trauer, zum anderen, damit Parzival nie auf die Idee kommen möge, sich für den Ritterdienst zu entscheiden, denn dieser, so lehrt es Herzeloyde ihre eigene, schmerzliche Erfahrung, führt irgendwann zu Trauer und Tod. Sie will ihren Sohn davor bewahren, das gleiche Schicksal wie sein Vater erleiden zu müssen und erzieht ihn in einer Art paradiesischer Unschuld ohne jedwede Hinweise auf ethische, soziale oder militärische Anforderung, denen er sich eigentlich seinem Stand entsprechend als Ritter und Herrscher gegenüber sehen würde. Auch über seine edle Abkunft hüllt sich Herzeloyde in Schweigen. Doch alles kommt anders: Zufällig begegnet der junge Parzival im Wald einigen Rittern (von denen er einen für Gott hält) und entschließt sich nach einem freundlichen Gespräch mit dem Anführer der Gruppe, dass er sein Glück bei König Artus suchen will. Herzeloyde kann ihrem Sohn diesen Entschluss nicht ausreden, doch in der Hoffnung, dass er schnell zu ihr zurückkehren werde, wenn er nur ausreichend schlechte Erfahrungen in der Welt machte, kleidet sie ihn in die Kleidung eines Narren und gibt ihm verschiedene (schlechte!) Lehren mit auf den Weg, die Parzival wörtlich befolgt.

Mit dem Auszug Parzivals in die Welt beginnt eine Kette von Unglücken, die von dem jungen Helden ausgelöst werden, ohne dass sich er einer Schuld bewusst wäre: Beim Weggang Parzivals bricht Herzeloyde vor Schmerz tot zusammen; aufgrund falsch verstandener Lehre von der höfischen Liebe, überfällt Parzival die erste Frau, der er begegnet, und raubt ihren Schmuck (für die Geschändete, Jeschute, gereicht dies zu einem doppelten Unglück, denn ihr Mann Orilus glaubt ihr nicht und geißelt und erniedrigt sie als Ehebrecherin, bis im weiteren Verlauf des Romans der Sachverhalt aufgeklärt werden kann); am Artushof erschlägt Parzival den „Roten Ritter“ Ither im Zweikampf (der durch List mehr oder weniger ‚eingefädelt' wurde und durch Parzivals tödlichen Wurf mit einer Lanze durch das Helmvisier des Ritters nichts von einem ritterlichen Duell hat), einen nahen Verwandten und großen Helden des Artushofes, und begeht das Unrecht des Leichenraubs, indem er sich Rüstung und Waffen des Toten bemächtigt und sich anschließend als vollwertiger Ritter fühlt (seine Narrenkleidung indes trägt er weiter unter der Rüstung, was seine Selbsteinschätzung natürlich zusätzlich zu seinen Taten konterkariert!). Die nächste Etappe führt Parzival an den Hof des Adligen Gurnemanz (man erinnere sich an den *Titurel*), wo der junge Mann höflich und gastfreundlich aufgenommen wird. Erstaunen und Erschrecken löst Parzivals Narrenkleidung aus, doch ein Ritter des Gurnemanz will in Parzivals perfektem Aussehen Reinheit, Liebreiz und Hoheit erkennen, so dass alle Zweifel des Burgherrn Gurnemanz ausgeräumt werden können. In den folgenden Szenen offenbart sich Parzivals unritterliche Erziehung und Gurnemanz beginnt, ihm standesgemäßes Verhalten zu lehren; dabei lernt Parzival, sich wie ein rechter Ritter zu betragen, doch vor allem eine Anweisung des alten Burgherren, der Parzival wie seinen eigenen Sohn ins Herz ge-

schlossen hat und bei der Abreise sehr traurig ist, soll Parzival nicht zum Vorteil gereichen: Gurnemanz lehrt ihn, nicht zu viel zu reden und keine unnötigen Fragen zu stellen. Diese Lehre soll Parzival bei seinem ersten Besuch auf der Gralsburg zum Verhängnis werden. Nach seinem Weggang von Gurnemanz von Graharz kommt Parzival zur Stadt Pelrapeire, die gerade von Adligen, die allesamt die schöne Herrscherin Condwiramurs ehelichen wollen, belagert wird. Parzival befreit die Stadt und heiratet Condwiramurs; vor der Geburt ihres ersten Kindes verlässt er seine Frau jedoch, um seine Mutter zu besuchen, von dessen Tod Parzival nichts weiß (das erinnert natürlich an die Belakane-Episode in der Gahmuret-Handlung: Parzival handelt hier unwissentlich genauso wie sein Vater!). An die Condwiramurs-Episode schließt Parzivals erster Besuch auf der Gralsburg an. Auf seiner Reise kommt Parzival zu einem See und trifft dort auf einen Fischer, der wie ein Herrscher gekleidet ist und ihm den Weg zu einer Burg weist, wo er für die Nacht Quartier und Gastfreundschaft finden könne. Parzival erlebt in seiner ersten Nacht auf der Gralsburg eine ganze Reihe mysteriöser Vorgänge: Er wird höflich in die Runde der Ritter, die gramerfüllt zusammensitzen, aufgenommen, als würden sie sich sehr über seine Ankunft freuen; er trifft den Burgherrn, den er als den Fischer vom See erkennt und der schwer krank darniederliegt, keine Medizin kann ihn heilen; vor dem Abendmahl wird eine blutende Lanze durch den Raum getragen, was lautes Klagen bei der Gesellschaft auslöst; schließlich bringt die Königin Repanse de Schoye einen Stein (den Gral!) in den Saal, der auf geheimnisvolle Art und Weise für Speisen und Getränke sorgt; zum Schluss bekommt Parzival noch vom kranken Burgherrn sein persönliches, wertvolles Schwert geschenkt – doch nichts von diesen Ereignissen, bringt Parzival, der sich fest an die Schweige-Vorgabe seines adligen Lehrers Gurnemanz hält, dazu, nach der Bewandtnis der Zeremonie oder – noch offensichtlicher – dem Leiden des Burgherrn zu fragen.
Am nächsten Morgen findet Parzival die Burg verlassen vor, und auf der Suche nach Spuren im Wald stößt er, zum zweiten Mal, auf Sigune, die ihm den Namen der Burg, Munsalvaesche, und des Burgherrn, Anfortas, nennt. Als sie erfährt, dass Parzival der mitleidigen Frage gegenüber dem Burgherrn nicht fähig war, verflucht sie ihn und verweigert jeglichen weiteren Kontakt zu ihm. Auch Jeschute, die Frau, die er überfallen hat, trifft er wieder, diesmal in Begleitung ihres Gatten Orilus, der sie immer noch wegen des angeblichen Ehebruchs sehr schlecht behandelt. Wenigstens hier kann Parzival eine Schuld wieder gutmachen, indem sein Missverhalten (durch einen Kampf

mit Orilus) korrigiert und Jeschute vor ihrem Mann rehabilitiert. Ebenfalls zum zweiten Mal kommt Parzival zur Artus-Gesellschaft, in dessen Tafelrunde er dieses Mal mit allen höfischen Ehren aufgenommen wird. Doch die höfische Freude soll nicht lange anhalten: Mitten in die Hochstimmung der Tafelrunde und ihrer glanzvollen Prachtentfaltung einer literarisch-idealtypischen adligen Gesellschaft platzt die hässliche Gralsbotin Cundrie, die Parzival verflucht und ihn für sein Versagen auf der Gralsburg schwer verurteilt; zudem weist sie durch ihren Bericht von Schastel marveile auf die wesentliche Episode der Gawan-Handlung hin (vergleiche den Gawan-Abschnitt) und kritisiert durch die Zustände auf der Zauberburg die angebliche fehlerlose und wohlgeordnete ritterliche Welt.
Cundries Beschimpfungen und Vorhaltungen stoßen bei Parzival eine weitere Sünde an, die die folgenschwere Reihe der Verfehlungen (Tod der Mutter durch seinen Weggang; Tötung eines Verwandten und Leichenraub; Nicht-Stellen der erlösenden Frage = Mitleidlosigkeit) fortsetzt: Parzival wendet sich von Gott ab und schiebt ihm die Schuld für sein Versagen zu. Wie in einem weltlichen Dienstverhältnis kündigt Parzival seine Hingabe an Gott auf und zieht für Jahre einsam auf der Suche nach dem Gral, jedoch ohne Erfolg, durch die Lande; Parzival hat Gott verlassen, so kann sein Weg niemals zum Erfolg führen. Nach dieser Abwendung von Gott lässt der Erzähler die Parzival-Handlung erst einmal ruhen und wendet sich Gawan zu; nach Abschluss seines Ascalun-Abenteuers widmet sich der Roman wieder dem Titelhelden. Zum dritten Mal begegnet Parzival seiner Cousine Sigune, die um ihren toten Geliebten Schionatulander (*Titurel*) trauert; dass sie wieder mit ihm spricht, ist ein kleines Zeichen der Hinwendung zum Guten für Parzival. Weiter sucht er nach Munsalvaesche, doch er kann die Burg nicht finden. Dafür trifft er einige Wochen später, am Karfreitag, auf eine Gruppe von Bußpilgern, die sich über seinen Auftritt in vollen Waffen am Tag der Kreuzigung Jesu Christi und seine Abwendung von Gott schwer entsetzen und ihm raten, einen Einsiedler aufzusuchen, der ihn aus seiner spirituellen Finsternis werde befreien können. Trevrizent, so der Name des Einsiedlers, ist Parzivals Onkel, ein Bruder seiner Mutter Herzeloyde, genau wie der Herr der Gralsburg Anfortas, sein Onkel als Mutter-Bruder ist. Doch Trevrizent unterweist Parzival nicht nur in religiösen Dingen, wandelt seine Gottesferne zu gelebter Gottesnähe und lässt ihn in seiner Höhle bei karger Verpflegung entbehrungsreiche Bußzeit verleben – er klärt Parzival auch über die Beschaffenheit des Grals auf und macht ihm klar, dass man den Gral nicht ritterlich-kämp-

fend erlangen kann; diese Stufe der Entwicklung muss überschritten werden: Gralskönig kann nur werden, wer vom Gral berufen wird. Am Ende der Lehrzeit erteilt Trevrizent seinem Neffen eine Art Laien-Absolution, die ihn offenbar von seinem schweren Sündenregister reinwäscht; zumindest wird dieses nicht mehr vom Erzähler thematisiert, der Tod der Mutter und die Tötung des Ither scheinen keinen negativen Einfluss mehr auf Parzivals weiteren Weg zu haben (die Jeschute-Problematik hatte Parzival ja bereits gelöst, aber dort kam es nur auf seine ritterlich-soziale Fähigkeit an, Höheres spielte keine Rolle).

Nach dieser Lehrzeit unterbricht der Erzähler die Parzival-Handlung wieder und ‚blendet' Gawans Erlebnisse auf Schastel marveile ein; Parzival taucht wieder in Buch XV auf. Sieben Wochen später wird Parzival wieder in die Artusrunde aufgenommen, wieder erscheint die hässliche Botin Cundrie – doch diesmal schmäht sie ihn nicht, sondern bitte Parzival um Verzeihung für ihre Worte beim ersten Zusammentreffen. Auf der Gralsburg erlöst er Anfortas von seinem Leiden, indem er die Frage „oeheim, waz wirret dir?" („Oheim, was fehlt dir?", *Parzival* 795,29) stellt; seine vor langen Jahren in Pelreapeire zurückgelassene Frau Condwiramurs wird zur Gralskönigin. Mit diesen beiden Schritten – die Erlösung seines Onkels = Erlangung der Gralsherrschaft als offensichtlicher Gegenpol zu einer ‚klassischen' weltlich-höfischen Ritterherrschaft; und die erwiesene Treue gegenüber seiner Frau (das also, was sein Vater nicht konnte!) – endet Parzivals Weg; oder, um mit Bumke zu sprechen: „Zuletzt besitzt er beides, die Gnade Gottes und die Achtung der Welt"[42].

Bevor wir uns endgültig dem Gral zuwenden können, müssen wir noch auf einen weiteren Aspekt des Romans eingehen, um die Interpretation abzurunden und das Bild des *Parzival* für den Leser zu vervollständigen: die religiöse Problematik. Daraus mögen sich weitere interessante Anknüpfungspunkte ergeben, die ebenfalls verhandelt werden sollen. Franz Rudolph Schröder sagt, dass das Kernmotiv der Parzivalsage die „Unterlassung der Frage"[43] vor Anfortas auf der Gralsburg Munsalvaesche sei. Dieses Kernmotiv wurde den Parzival-Dichtern jedoch – verständlicherweise – zum Problem, denn sie versuchten, das Schweigen des Helden aus seiner Sündhaftigkeit zu erklären. Das ist definitiv prekär, denn selbst in der rigorosesten christlichen Sündenlehre kann eine unterlassene Frage nicht als Verfehlung vor Gott betrachtet werden. Aus diesem Grunde wird bei Chrétien, bei Wolfram ist das anders, das Schweigen des Helden doppelt begründet: Seine ehrbare Grundhaltung, als Ritter nicht zu viel reden, lässt ihn die Frage nicht stellen, beim Einsiedler-Oheim bekommt diese Begründung dann eine negativ-sündhafte Interpretation. Für ihn ist die unterlassene Frage nicht direkte Sünde (Perceval begeht bei Chrétien drei Sünden: Tod der Mutter, Frageversäumnis, Gottesferne), sondern Sündenfolge, die durch den verursachten Tod der Mutter auf ihm lastet. Ebenso ist die fünfjährige Gottesferne eine Folge dieser Sünde, die Perceval-Parzival ja gleich zu Beginn seiner Handlungs-Episode begeht. Dieser Zusammenhang geht auf Augustinus zurück.[44] Der Kirchenvater hat eine Sündenlehre entwickelt, nach der eine wissentlich begangene Hauptsünde (der Tod der Mutter) einen Zustand der Sündenstrafe schafft, der dadurch gekennzeichnet ist, dass der Sünder den vernünftigen Gebrauch seiner Sinne einbüßt und unfähig wird, Gutes zu tun.[45]

Wolfram weicht in mehreren Punkten von seiner altfranzösischen Vorlage ab: Er hat mit der Verwandten-Tötung des Ither eine neue Sünde entwickelt und erweitert die Gottesferne, die Perceval bei Chrétien treibt, zum Gotteshass; dafür jedoch mildert Wolfram die Umstände der Ursünde, den Tod Herzeloydes, in einer gewissen Weisen ab. Sünde bleibt sie dennoch. Die vier Verfehlungen bei Wolfram lauten also: Tod der Mutter – Tötung Ithers – unterlassene Frage – Gotteshass. Trotz der Erweiterungen gilt auch bei Wolfram das durch Augustinus eingeführte Prinzip: Parzival lebt in *tumbheit*, wie Wolfram den Zustand seines Helden nennt, die Depravierung seiner Verstandeskräfte resultieren aus den beiden Tötungsverfehlungen an seiner Sippe. Diesen Zustand geistiger Dunkelheit macht denn auch der Einsiedler Trevrizent für das Nicht-Stellen der Frage verantwortlich, und Parzivals Gotteshass ist ebenso Konsequenz aus seinen früheren Sünden. Mit dem Verlassen der Mutter wird der große Sündenprozess des Parzival ausgelöst. Der junge Mann strebt danach, ein Ritter zu werden und ritterliches (also gesellschaftliches) Ansehen zu erlangen; seine ganze Kraft richtet Parzival auf dieses Ziel aus, dabei verliert er Gott aus den Augen und aus dem Sinn. Durch sein Streben nach ritterlicher Vollkommenheit begibt sich Parzival auf den Pfad der Hochmut und orientiert sich als ganz und gar weltlicher Ritter an den negativen Werten der *hoffart* und *superbia*, also Hoffärtigkeit und Übermut. Demut vor Gott kennt er nicht, und dieses missverstandene Verhältnis von weltlichem Rittertum und Gottesherrschaft mündet darin, dass Parzival wutentbrannt sich von Gott lossagt, ihn für seinen Fehler auf Munsalvaesche verantwortlich macht und mit ihm umgeht wie mit einem höfischen Lehnsherrn – er kündigt das Dienstverhältnis und beweist damit, dass er den Sinn von

Glauben und Gottvertrauen nicht verstanden hat, denn er fordert von Gott verdienten Lohn für seine ritterlichen Taten.
Wir erinnern uns: Parzival wurde zum Ritter, indem er mit dem Roten Ritter Ither einen Verwandten auf höchst unritterliche Weise getötet hat. Damit hat er die biblische Kainstat[46] wiederholt und sich im Folgenden durch seine Abkehr von Gott bis an die Pforten der Hölle begeben. Von dort, so weist ihm Trevrizent die Zukunft, kann er nur von Gott zurückgeholt werden, ohne eine Rückkehr zu Gott ist sein Leben mehr oder weniger ‚verwirkt'. Trevrizents Belehrungen lösen eine Umkehr in Parzival und eine Veränderung seines weltritterlichen Habitus' aus: Seine Sündhaftigkeit wird ihm in der Einsiedler-Klause seines Oheims bewusst, und durch das Wunder der göttlichen *triuwe* wird seine ritterliche Hochmut und Hoffärtigkeit in vollkommene Demut verwandelt. Gegen die *triuwe* zu Gott (die höchste, die es gibt und die bei weitem über alles Weltlich-Höfisch-Ritterliche hinausgeht!) und seiner Familie hat Parzival durch seine Sünden verstoßen. Wolfram schien ohnehin Sorge gehabt zu haben, Göttliches an Menschliches/Weltliches zu verlieren – so kann man das Faktum deuten, dass der Dichter auf alles Kultisch-Sakrale völlig verzichtet hat. Die Messe könnte für ihn entweder ein rein äußerlich beigeordnetes Merkmal der höfischen Gesellschaft sein, bei dem das Göttliche der Sitte und Gewohnheit untergeordnet wird oder aber das Auslassen jeglicher sakraler Messhandlungen soll einfach auf die Gottesferne der weltlichen Ritterschaft hindeuten, die jeden Glauben verloren hat und ganz in höfischer Hochmut zu versinken droht.

Doch sprechen wir ab jetzt beinahe ausschließlich über den Gral, und zwar wesentlich detaillierter, als die Zusammenfassung des Inhalts und die Interpretation der wesentlichen Motive und Themen ausgefallen sind. Zudem ist es nötig, auf das Symbol der blutenden Lanze einzugehen, wodurch wir einen Rückgriff auf die Fragestellung des ersten Kapitels herstellen wollen. Doch rekapitulieren wir noch einmal, genauer als im Überblick, die Geschehnisse rund um den Gral, also Vorbereitung, Zeremonie, Inhalte. Nachdem Parzival auf der Gralsburg höflich aufgenommen, zum Herrn von Munsalvaesche, dessen Name, Anfortas, dem unfertigen Helden noch nicht bekannt ist, geführt wurde und neben ihm Platz genommen hat, beginnt eine „zu Herzen gehende Szene" (*Parzival* 231,15): In den Saal tritt ein Knappe, der eine Lanze in der Hand hält, aus deren Spitze Blut kommt und die die Gesellschaft allem Anschein nach an ein großes Unglück gemahnt; der Gang des Knappen löst im ganzen Palast, durch den er die Lanze schließlich trägt, ein solches Weinen und Klagen aus, dass „nicht einmal dreißig Völker so viele Tränen vergießen könnten“ (*Parzival* 231,20ff.). Im Anschluss beschreibt Wolfram detailliert, wie die Gesellschaft auf der Gralsburg bedient wird, wie der große Saal, in dem sich Parzival als Gast beim Gralskönig aufhält, eingerichtet ist und spricht über Schönheit und hoher Bekleidung der reinen Damen, die dort verschiedene zeremonielle Dienste tun. Alle Frauen, die dem Gralskönig (und damit natürlich in erster Linie dem Gral!) dienen, sind bei Wolfram Töchter hoher Adliger.

Den Höhepunkt des ‚Spektakels', wie ich die Ereignisse salopp mich zu nennen wage, bildet das Hereintragen des Grals, den Wolfram, ich zitiere das Original und füge die Übersetzung hintenan, „den wunsch von pârdis, / bêde wurzeln unde rîs“ (Parzival, 235,21f.; „[…] den Inbegriff paradiesischer Vollkommenheit, Anfang und Ende allen menschlichen Strebens“) nennt und ihn zuerst ganz allgemein als „dinc“, als „Ding“, bezeichnet (Parzival, 235,23), bevor er den Namen „Gral“ erwähnt. In der ersten Gralsepisode lernen wir, dass das „dinc“ „grâl“ (Parzival, 235,23) genannt wird, Speisen spendet und nur von einer reinen Jungfrau berührt werden darf; zudem übertreffe es alle irdischen Herrlichkeiten (Parzival, 235,24). Das sind nicht viele Informationen, die Wolfram uns an dieser Stelle über den Gral zuteil werden lässt – der Leser bleibt genauso unwissend zurück wie Parzival, der bei diesem ersten Besuch keinen Erfolg auf Munsalvaesche erlangen konnte. Erst der Einsiedler Trevrizent (vgl. oben) klärt Parzival und damit auch uns weitestgehend über die Geheimnisse des Grals auf, nur einige Details ‚spart' sich der Dichter für den Schluss seines Romans nach der Erhebung des Helden zum Gralskönig auf.

Wolframs Erläuterungen in den drei unterschiedlichen Episoden lassen sich in vier Gruppen gliedern: die Beschreibung des „dinc“; seine Wunderkraft; seine Verbindung zum Himmel; die Hüter des Grals. Sieben Textstellen behandeln im weitesten Sinne das ‚Äußere' des Grals, also Aussehen, Form, Namen, Aufbewahrungsort. Wolframs Gral scheint ein Stein zu sein, offenbar sogar ein Edelstein. Seine Form ist nicht weiter definiert, allerdings erwähnt der Einsiedler-Oheim den „oberen Rand des Stein“ (*Parzival*, 470,23). Wolfram nennt zwei Namen für den Stein, sein „dinc“, nämlich einmal eben „grâl“ (*Parzival*, 235,23) sowie „lapsit exillîs“ (*Parzival*, 469,7), worauf wir unten näher eingehen werden. Der Gral, so macht Wolfram am Schluss des Romans klar, wird nur bei besonderen Gelegenheiten in einer feierlichen Prozession gezeigt. Weiter wird berichtet, dass der Name „Gral“ von einem Heiden, Flegetanis, in den Sternen gelesen wurde („So entdeckte der Heide Flegetanis in der Konstellation der Gestirne verborgene Geheimnisse, von denen er selbst nur mit Scheu erzählte. Er erklärte, es gäbe ein Ding, das „der Gral“ heißt.“ (*Parzival*, 454,21ff.)). Der Aufbewahrungsort des Grals ist zu Munsalvaesche auf der Gralsburg, und zwar in einem „tempel“ (*Parzival*, 816,15), der, bis auf die Tatsache, dass er ein besonders kostbares Taufbecken besitzt und eben auch als Taufkapelle fungiert, nicht näher beschrieben wird.

Der Gral besitzt Wunderkräfte, eine davon ist das immer wieder ‚abrufbare' Speisewunder, auf das wir bereits eingegangen sind (*Parzival*, 238,8ff); zudem sagt Wolfram, dass der Gral alle irdischen Herrlichkeiten übertreffe. Zu diesen beiden Merkmalen kommen noch fünf weitere, die an verschiedenen Stellen des Romans thematisiert werden. Ein ganz wesentlicher Punkt ist die Bezeichnung des Grals als eine Art ewiger ‚Jungbrunnen' – sein Anblick verleiht immerwährende Jugendfrische (*Parzival*, 469,18ff.)). Ebenso ist auch das, was Wolfram einige Verse vorher anspricht: „Erblickt ein todkranker Mensch diesen Stein, dann kann ihm in der folgenden Woche der Tod nichts anhaben.“ (*Parzival*, 469,14ff.). Diese heilende Wunderkraft des Grals ist wohl auch der Grund für das sieche lange Leben des Gralskönigs Anfortas: Durch das Betrachten des Grals kann er dem Tod, der ihn ob der Schwere seiner Krankheit sicherlich ereilen müsste, immer wieder entkommen – so lange eben, wie er wöchentlich den Gral beschaut. Tut er dies nicht, dann muss das unweigerlich zum Tode führen. Die gleiche wunderliche Funktion wurde im „Mittelalter auch von der Hostie beim Hochamt“[47] erzählt. Ein Drittes über den Gral gibt Wolfram in diesem 469. Abschnitt seines Romanes preis, etwas, das womöglich auf den ersten Blick so gar nicht in die Liste der Wunderkräfte passen möchte. Der Dichter spricht vom mythischen Vogel Phönix, der durch die Zauberkraft des Grals verbrennt und aus seiner Asche, wie in der Legende, in voller vergangener Schönheit wieder aufersteht („Die Wunderkraft des Steines läßt den Phönix zu Asche verbrennen, aus der er zu neuem Leben hervorgeht. Das ist die Mauser des Phönix, und er erstrahlt danach ebensoschön wie zuvor.“ (*Parzival*, 469,8ff.)).

Mancher Leser wird sich nun fragen: Was hat der Feuervogel Phönix mit dem Gral zu tun? Warum kommt gerade er bei Wolfram vor? Wir müssen ein wenig ausholen, um diese scheinbar disparate Darstellung aufzuhellen.[48] Der Vogel hat seinen Namen „Phönix“ aus der Zeit des antiken Griechenlands;

sein Ursprung indes ist im alten Ägypten zu verorten. Dort gibt es das Geschöpf Benu, ein heiliger Vogel, der in Gestalt eines menschengroßen Reihers mit langen Hinterkopffedern und golden-rotem oder vierfarbigem Gefieder dargestellt und steht in Verbindung zum altägyptischen Sonnengott Ra. Von dem Geschöpf wird gesagt, dass es im Abstand von mehreren hundert Jahren immer wieder erscheint, bei Sonnenaufgang in der Glut der Morgenröte verbrennt und aus seiner Asche verjüngt wieder aufersteht. Diese Vorstellung wandelten die alten Griechen schließlich zu ihrem eigenen Mythos um: Vor allem in der hellenistischen Epoche hielt sich die Vorstellung, der Phönix-Vogel sei aus der Asche des Osiris (der ägyptischen Gottheit des Jenseits) oder seinen sterblichen Überresten hervorgegangen und erreiche ein hohes Alter von ungefähr 300-500 Jahren. Am Ende seines Lebens, so der Glaube, baut der Phönix ein Nest, setzt sich hinein und verbrennt. Nach Erlöschen der Flammen bleibt ein Ei zurück, aus dem nach kurzer Zeit ein neuer Phönix schlüpft. In der Spätantike – also der Übergangszeit von der Antike zum Mittelalter, zumeist ungefähr terminiert zwischen dem Ende des 3. und der Mitte des 6. Jahrhunderts – wurde die Geschichte vom Phönix allmählich zu einem Symbol für Unsterblichkeit, da ihm zudem die Fähigkeit zugeschrieben wurde, sich nach Verwundungen selbst heilen zu können. Auch in die Legenden des Christentums hat der Phönix Eingang gefunden: Dort gilt der Vogel, der aus seiner eigenen Asche ersteht, als Zeichen für die Auferstehung, also dem Ausgangspunkt und zentralen Glaubensinhalt der christlichen Religion. Wir haben an dieser Stelle also ein Symbol, was ganz klar heidnischen Ursprungs ist und später in einer Variation in den christlichen Legendenglauben übergegangen ist. Was ist davon zu halten, auf was könnte dieser Befund hinweisen? Diese Frage ist nicht einfach zu klären, denn die Gegensätzlichkeit ist evident: Obwohl es Hinweise im Roman auf eine latent anti-klerikale Haltung Wolframs gibt, handelt es sich beim *Parzival* um einen christlichen Roman, und an der Tatsache, dass Wolfram ein frommer Christ und tief gottgläubig war, gibt es nichts zu rütteln. Aus dieser Sicht wäre vermutlich schlicht und einfach zu entscheiden, dass Wolfram allein an das christliche Symbol der Auferstehung gedacht hat, als er den Phönix mit dem Gral in Verbindung setzte. Das ist gut und richtig, denn der Gral hat ja, wie wir gesehen haben, bedeutende Kräfte, die vor dem Tod bewahren können; dem noch ein Auferstehungs-Bildnis, noch dazu christlich fundiert und deshalb vermutlich auch relativ bekanntes, hinzuzufügen, ist nicht falsch gedacht und leicht zu begründen. Diese Sichtweise pflegt auch die wichtige

Studie von Konrad Burdach. Der Forscher zitiert Klemens von Rom, einen der ersten Bischöfe von Rom, der mit ziemlicher Wahrscheinlichkeit noch vom Apostel Petrus höchstselbst im Amt ordiniert wurde: Klemens von Rom nennt die Legende um den Phönix-Vogel ein „G l e i c h n i s d e r A u f e r s t e h u n g [sic!]“.[49] Doch was, wenn Wolfram genau diesen Gedankengang nicht verfolgt hat? Was, wenn er sich des orientalischen Ursprungs bewusst gewesen wäre und absichtlich den Gral mit einem Mythos aus eben jenem orientalischem Glaubens- und Kulturkreis belegt hätte? Würde damit nicht ein Hinweis darauf gegeben sein, dass Wolfram die Ursprünge des Grals – zumindest partiell – im orientalischen Heidentum liegen sieht? Ich lasse den Leser an dieser Stelle absichtlich ohne den Versuch einer Klärung zurück; weiter unten, wenn es darum geht, die Gralsdarstellung in ihren Details weiter zu interpretieren und auf eine Auflösung der Fragestellung zu drängen, wird das Phönix-Problem noch einmal aufgegriffen und in ein anderes Moment der Wolframschen Gralsdarstellung eingeflochten. Doch arbeiten wir weiter die einzelnen Aspekte der Gralsdarstellung ab. Ein geheime Kraft macht den Gral, den kleinen Stein, den die „kiusche“, also keusche, jungfräuliche Repanse de Schoye vor die Gemeinde trägt, so schwer, dass ihn nicht einmal die gesamte Kraft aller sündigen Menschen auf der ganzen Welt aufheben könnte („Meine zweite Schwester ist eine makellose Jungfrau. Es ist Repanse de Schoye, die Hüterin des Grals. Er ist so schwer, dass ihn selbst die ganze sündige Menschheit nicht von der Stelle bewegen könnte. (*Parzival*, 477,13ff.). Unlautere, sündige Menschen können den Gral zwar nicht hochheben, aber sie können ihn zumindest erblicken – Heiden, so macht Wolfram klar, bleibt selbst dies verwahrt. Für alle Nicht-Christen bleibt der Gral unsichtbar, sie sehen nur das grüne Tuch, auf dem das Heiligtum seinen Platz in dem Tauftempel von Munsalvaesche gefunden hat. Illustriert wird diese ‚Eigenart' des Grals an Feirefiz, Parzivals schwarz-weiß gemustertem Bruder aus der Ehe seines Vaters mit der Heidenkönigin Belakane: Ihm widerfährt genau das eben Geschilderte („'Herr, seht Ihr denn nicht den Gral vor Euch liegen?' Der schwarz und weiß gefleckte Heide erwiderte: 'Ich sehe nur ein grünes Seidentuch.'“ (*Parzival*, 810,9ff.)). Das letzte Merkmal der Wunderkraft des Grals ist die Tatsache, dass man den Gral nicht wissentlich erlangen kann, er bleibt absichtlichem Suchen ebenso verborgen wie dem, der ihn mit dem Schwert erringen will. Der Gral kann nur von dem gefunden werden, der zufällig auf den Weg und in die Burg Munsalvaesche gerät; deshalb ja irrt Parzival über vier Jahre durch die Fremde – er will ‚auf

Teufel komm' raus' die Gralsburg und den Hort höchster Glückseligkeit finden, doch es bleibt ihm, wie haben es erfahren, verwehrt. Nur „wer dazu berufen ist, ohne es zu wissen", kann den Weg zum Gral erfolgreich beschreiten (*Parzival*, 250,29).
Die nächste Aussagengruppe befasst sich mit der Verbindung des Grals zum Himmel. Eine wichtige Aussage Wolframs ist, dass der Gral nicht aus sich heraus Wunderkräfte bildet, sondern sie vom Himmel bekommt. An jedem Karfreitag kommt eine weiße Taube vom Himmel herab, die eine kleine weiße Oblate bringt und diese auf den Stein legt („Heute haben wir Karfreitag, und an diesem Tag kann man sehen, wie eine Taube vom Himmel herabfliegt und eine kleine weiße Oblate zum Stein trägt." (*Parzival*, 470,1ff.)). Diese Stelle strotzt nur so von hoher christlicher Symbolik. Zum ersten haben wir den generellen Befund, dass der Gral seine Kraft ‚von oben', also aus dem Reich Gottes empfängt. Nur durch Gott kann der Gral Wunderdinge vollbringen, ohne göttlichen Einfluss wäre er vermutlich nur ein Stein. Ich halte es für unnötig, hier Beweise dafür zu suchen, dass mit dem Wolframschen Himmel wirklich der christliche Himmel gemeint ist – die Verse sprechen natürlich für sich. Damit kommen wir zum nächsten Punkt dieser Aussage. Es ist explizit der Karfreitag, an dem der Gral seine Kräfte immer bis zum Karfreitag des Folgejahres verliehen bekommt. Karfreitag ist, wie selbst Anhänger antiklerikaler Tendenzen zumeist wissen, der Tag des Leidens und der Kreuzigung des Herrn Jesus Christus – also der „Tag[.] der Eucharistie"[50], der eingebunden ist das wichtige *Triduum sacrum* (Dreitagefeier von Leiden, Tod und Auferstehung des Herrn), die am Gründonnerstag beginnt und in der Osternacht mit der Feier der Auferstehung des Herrn seinen Höhepunkt findet. Die Taube kommt also an dem wichtigen Tag, der durch das Leiden und Sterben Christi für die Menschheit die Voraussetzung für den Kern des christlichen Glaubens bietet: die Auferstehung. Zum anderen ist es eine Oblate, eine Hostie, welche die Taube niederlegt. In der kirchlichen Tradition des Christentums ist die Hostie erst einmal das zum Abendmahl beziehungsweise der Eucharistie verwendete Brot, das nach der Wandlung als konsekrierte (geweihte) Hostie zum eucharistischen Leib Jesu Christi für die Gläubigen wird. Zum dritten ist es nicht irgendein Vogel, sondern die schon vielfach erwähnte Taube, die aus dem Himmel kommt. Ein solches Bild ist aus dem Neuen Testament wohl bekannt: Dort öffnet sich nach der Taufe Jesu Christi durch Johannes den Täufer im Jordan der Himmel und eine Taube schwebt hinab. Zudem spricht eine Stimme: „Das ist mein geliebter Sohn, an

dem ich Gefallen gefunden habe.“ (*Matth*, 3,17) Die Taube ist also ein Symbol des Göttlichen, das eng mit Jesus Christus und seinem Wirken (wir erinnern uns, Jesus trat nach der Taufe erstmals öffentlich in Erscheinung und begann sein Wirken, das eben am Karfreitag endete) verknüpft ist; in der christlichen Ikonographie ist das Tier zudem ein Symbol des Heiligen Geistes. Das zusammen bedeutet, dass Wolframs Gral durch den Heiligen Geist gesegnet und durch die Gabe am Karfreitag mit dem gesamten christlichen Heilsgeschehen und der Gestalt des Gottessohns Jesus Christus verbunden ist. Des Weiteren erscheint von Zeit zu Zeit auf dem Gral eine Inschrift (am oberen Rand), die von allein wieder verschwindet, sobald sie gelesen worden ist. Diese Inschrift hat zwei Funktionen: Sie nennt entweder den Namen der zum Gral Berufenen und gibt damit natürlich auch vor, wer der nächste Gralskönig sein soll oder teilt besondere Begebenheiten, die für die Gralsgemeinschaft von Bedeutung sind, mit. Auf diese Weise entscheidet Gott durch den Gral, wer sich auf die Suche nach ihm und der Herrschaft über das „dinc“ und Munsalvaesche machen darf – die Gralssuche und -auffindung ist eine Berufung und nichts, was man ‚einfach so' mit ritterlicher Stärke und Abenteuergeist bewerkstelligen könnte. „Den Gral kann allein erringen, wer im Himmel bekannt genug ist, zum Gral berufen zu werden.“ (*Parzival*, 468,12ff.).

Zuletzt müssen wir darüber sprechen, was sich in der Aussagengruppe ‚Über die Hüter des Heiligen Grals' zusammenfassen lässt. Ein bedeutender Punkt ist, dass Wolfram von seinem Gral sagt, er sei von Engeln auf die Erde gebracht worden. Dabei spielt er auch auf die Geschichte der Rebellion der Engel und Luzifers Sturz in die Hölle, wo er seitdem auch unter dem wohlbekannten Namen Satan regiert, an – denn nach Wolframs Bekunden wurde der Gral von den Engeln, die sich in dem Konflikt zwischen Luzifers Engeln und denen, die Gott treu ergeben waren, neutral verhalten hatten, auf der Welt gehütet. Als Strafe für ihre Nicht-Einmischung auf seiner Seite verbannte Gott sie aus dem Himmel auf die Erde, damit sie dort den göttlichen Stein schützen und bewahren sollten. Doch eines Tages verschwanden die Engel und Menschen übernahmen die Wache am Gral. Wolfram lässt offen, ob die Engel Gottes Gnade erfahren hatten und zurück in den Himmel an ihren traditionellen Platz kommen durften oder ob sie endgültig, weil sie nicht auf Gottes Seite standen, in die Hölle hinabgestoßen wurden. Was mit den Engeln en detail passiert ist, ist in meinen Augen ohnehin nebensächlich

und für die weitere Gralsdarstellung sowie den Fortgang des Romans völlig unerheblich.
Wichtig ist, darauf habe ich aufmerksam gemacht, dass, nachdem die Engel in welche Richtung auch immer die Erde verlassen, der Gral in der Menschenwelt verbleibt und das sündige Adamsgeschlecht als Hüter fungieren; jedoch nur solche, die Gott dazu berufen hat („Jene edlen und erhabenen Engel, die im Kampf zwischen Luzifer und der göttlichen Dreinigkeit für keine Seite Partei ergreifen wollten, wurden zur Strafe auf die Erde verbannt, um den makellos reinen Stein zu hüten. Ich weiß nicht, ob Gott ihnen verziehen oder ob er sie endgültig verworfen hat. Wenn es seine göttliche Gerechtigkeit zuließ, hat er sie vielleicht wieder in Gnaden aufgenommen. Seitdem hüten den Stein die Menschen, die Gott dazu berufen und denen er seine Engel geschickt hat." (*Parzival*, 471,15ff.)).
Damit geht der Gral im Grunde in einen neuen Herrschaftsbereich über, ein neues Geschlecht begründet sich, dass sein Leben damit zubringt, den Gral zu hüten und seine göttliche Kraft und Reinheit für alle Zeiten zu bewahren – und wir kommen zum nächsten Aspekt, nämlich der Gralsfamilie als oberste Gralshüter und den anderen Mitgliedern der hohen Gemeinschaft. Das Oberhaupt der Familie ist immer der Gralskönig, er ist in letzter Instanz für Pflege und Schutz des Grals verantwortlich. Seit Anbeginn der Zeit sind die Mitglieder der Titurelfamilie die Hüter, das Gralskönigtum ist in ihrer Familie erblich („Der Hausherr sprach: 'Das war Titurel, der Großvater deiner Mutter. Er erhielt als erster mit der Gralsfahne den Auftrag, den Gral zu schützen.'" (*Parzival*, 501,22ff.). Die übrigen Gralshüter kann man in zwei Gruppen unterteilen: Jungfrauen und Ritter, die aus verschiedenen Ländern kommen und bereits als Kinder zum Gralsdienst berufen werden. Nach dem Tod ist ihnen die ewige Seligkeit sicher („Aus vielen Ländern werden ihre Mitglieder geholt, und sie bleiben beim Gral ihr Leben lang frei vom Makel der Sünde. Später erwartet sie reicher Lohn im Himmel." (*Parzival*, 471,9ff.). Während die Jungfrauen den Gral pflegen, hüten die Ritter ihn, wenn nötig mit Waffengewalt („Der Hausherr erwiderte: 'Gott hat bestimmt, daß beim Gral Jungfrauen dienen; der Gralsdienst ist eine hohe Auszeichnung. So dürfen ihn nur Ritter verrichten, die keusch und enthaltsam sind.'" (*Parzival*, 493,19ff.).
So lange die Hüter, weiblich wie männlich, dem Gral und der Gralsfamilie dienen, ist ihnen geschlechtliche Liebe versagt; explizit macht Wolfram das nur für die Ritter klar, aber es ist logisch, dass das Liebesverbot auch für die

Frauen gilt, denn nur reine Jungfrauen, wie wir gesehen haben, dürfen den Gral tragen („Doch wenn ein Ritter sich zum Gralsdienst entschlossen hat, muß er auf Frauenliebe verzichten." (*Parzival*, 495,7f.). Gralsritter wie Jungfrauen können aus dem Dienst ausscheiden; die Ritter können sogar in fremden Ländern Herrscherämter übernehmen. Sobald die Diener den Gralsbereich verlassen haben, dürfen sie heiraten und können ihre Keuschheit ablegen („Erlischt aber andererseits in der Welt ein Herrschergeschlecht und wünscht das Volk des verwaisten Landes in Ehrfurcht vor Gott einen Herrscher aus der Gralsgemeinschaft, dann wird dieser Wunsch erfüllt. Sie müssen ihm aber untertänig dienen, denn auf ihm ruht Gottes Segen. Die Männer sendet Gott im geheimen aus, die Jungfrauen dagegen werden öffentlich aus der Gralsgemeinschaft entlassen." (*Parzival*, 4947ff.).
Die Gralsritter werden von Wolfram als *Templeise*, Tempelherren, bezeichnet, die den Gral mit ihrem Leben vor jedem Unberufenen beschützen („Beim Gral lebt eine auserlesene Bruderschaft, die mit der Kraft ihrer kampferprobten Arme bisher jeden Zudringlichen fernhielt. So blieben die Geheimnisse des Grals gewahrt; nur die Wissen von ihnen, die nach Munsalwäsche in die Gralsgemeinschaft berufen wurden." (*Parzival*, 473,5ff.).
Verschiedene Interpreten wollen in Wolframs Tempelherren die Ritter des Templerordens erkennen[51]; ich lehne diese Deutung entschieden ab. Es gibt keinerlei Belege dafür, dass Wolfram mit dem Orden in Berührung gekommen ist oder wenigstens mit ihm sympathisierte. Jegliche Verbindung von Wolfram und den Templern ist reine Spekulation, aber in Zeiten der populären Gralsforschung und der Vernachlässigung ernsthafter wissenschaftlicher Betätigung scheint es mir *en vogue*, solch hanebüchenen Theorien nachzuhängen, die dann unter dem Mantel einer großen Enthüllung auf den Markt geworfen werden.
Neben dem Gral spielt bei der Gralsgemeinschaft noch ein anderes Kultgerät eine bedeutende Rolle: die blutende Lanze, die von einem Knappen vor der Gralsprozession den Anwesenden bei Parzivals erstem Aufenthalt auf der Gralsburg gezeigt wird, woraufhin die gesamte Gesellschaft in lautes Klagen ausbricht. Mit der Lanze werden bei einer bestimmten Sternenkonstellation die unsäglichen Schmerzen des Gralskönigs gelindert, denn die Spitze der Waffe sondert eine Art Gift ab, das den schweren Schüttelfrost des Anfortas zu lindern vermag. In der Forschung wurde die Lanze so gut wie gar nicht beachtet, sie scheint in der Diskussion um Gralsdarstellung und -ursprung untergegangen zu sein und wird möglicherweise als auch nicht son-

derlich wichtig für die Komposition des Romans erachtet. Ich vermute, und dabei steht mir ein Halbsatz aus Burdachs bedeutender Gralsstudie bei[52], dass mit der blutenden Lanze von Munsalvaesche eine Brücke geschlagen werden soll zur Heiligen Lanze des Christentums, also der Waffe, mit der Jesus Christus am Kreuze hängend vom römischen Legionär Longinus verwundet wurde; dieser Wunde, so haben wir in einem vorangegangenen Kapitel gesehen, folgen göttliche Wunderzeichen durch Blut und Wasser. Doch was könnte Wolfram mit der Einbindung der blutenden Lanze, wenn wir ihn nun als legendären christlichen Kultgegenstand, der die Seite Jesu öffnete, fassen, bezweckt haben? Es kann kaum ein Hinweis darauf sein, dass die Heilige Lanze, die seit dem frühen Mittelalter zu den Reichkleinodien des deutschen Reiches gehört, von einem geheimnisvollen Kult in einer gut versteckten Burg aufbewahrt wird. Überhaupt halte ich es für falsch, der Lanze ein ‚Eigenleben' geben zu wollen – ihre ganze Bedeutung entfaltet sich erst, wenn man sie in ganz engen Zusammenhang mit dem Gral stellt und für die Erforschung unseres Gegenstandes ist die blutende Lanze von elementarer Wichtigkeit – wirft sie doch ungeheuer helles Licht auf Wolframs Vorstellung vom religiösen Ursprung des Grals.

Wir haben auf den vergangenen Seiten einen detaillierten Überblick über Wolframs Gralsdarstellung erhalten und viele wesentliche Aspekte eingehend behandelt. Jetzt ist es, endgültig, an der Zeit, dass wir uns den Wolframs Darstellung zugrunde liegenden Mythos und seine Quelle bzw. Quellen anschauen. Ich zäume das Pferd von hinten auf und beginne mit dem Ergebnis: Wolframs Gralsdarstellung ist streng christlich, sein Gral trägt ausschließlich „urchristliche Elemente"[53] in sich. Das mag manchem Leser seltsam anmuten, wurden doch während der Analyse der Gralsdarstellung auf zumindest zwei Aspekte verwiesen, die auf die orientalische Mythologie (oder, wie Burdach präzise formuliert, auf „persisch-iranische Religionsmythen oder […] arabisch-alchemistischer Mystik") hindeuten und überhaupt nichts mit dem Christentum oder christlichen Legenden zu tun haben. Diese Eigenarten haben einigen Wirbel verursacht und immer wieder Interpreten dazu veranlasst, Wolframs Gral von einem christlichen Hintergrund wegzuführen und, wie angedeutet, ins (im weitesten Sinne) Orientalische zu ‚schleppen'. Zum einen war dies Wolframs Nennung des Phönix-Vogels, jenes legendären Vogels, der im Feuer verbrennt und verjüngt wieder aus seiner eigenen Asche aufersteht; zum anderen die mögliche Korrespondenz des *lapsit exillis* Wolframs mit der Kaaba, dem hohen Heiligtum der Muslime. Bei beiden Punkten können die nicht-christlichen Interpretationen letztendlich leicht ins Reich der Fabeln verwiesen werden: Wolframs Wunderstein, der *lapsit exillis*, ist alles andere als ein vom Himmel gefallener muslimischer Meteor[54], sondern kann mit einiger Leichtigkeit mit einer streng christlichen Grundauffassung in Einklang gebracht werden. Neben Burdach haben unter anderem Schwietering[55] und Golther[56] in der Frühe der Forschung auf die verschiedenen Wege hingewiesen, über die man sich dem christlichen Aspekt des Steins nähern kann. Wir können hier nicht en detail jegliche theologische und christlich-typologische Eigenarten des Steins herausarbeiten, weshalb ich nur einige Punkte darstellen werde, die dazu geeignet sind, den ganzheitlich-christlichen Anspruch Wolframs darzulegen. Da ist zum Beispiel die Verbindung des Steines mit Christus, welche die synoptischen Evangelien auf Grundlage alttestamentlicher Prophezeiungen kennen (*Isa.* 28,16; *Psa.* 117,22; dazu unter anderem *Matth.* 21,42) oder auch die Stelle aus den Offenbarungen des Johannes, in der Gott selbst mit einem Stein verglichen wird (*Apok.* 4,2f.).

Sehr interessant ist auch, das wird wiederum in Burdachs wichtiger Studie dargelegt, dass selbst im Koran in der fünften Sure auf einen Stein aus dem Himmel, der direkt mit Jesus zu tun hat, hingewiesen wird. Damit wird zunächst klar, ich zitiere Burdach (S. 548), dass „unter den Anhängern des Islam eine Legende bekannt war, die sich an Verse aus der fünften Sure des Koran knüpfte und durch ihre Verbindung mit der Person Christi eindeutig auf Einflüsse der neutestamentlichen Schriften und Gedankengänge zurückzuführen und aus ihnen herzuleiten ist." In dieser Sure werden dem Stein zudem verschiedene wunderliche Fähigkeiten beigelegt, unter anderem soll er lebenserhaltend und verjüngend sowie Speisen spendend wirken; darüber hinaus ist der Stein der Koran-Sure mit dem Symbol des Fisches, neben dem Kreuz je bekanntlich *das* Zeichen für das Christentum schlechthin, verknüpft. Auch für den Phönix-Vogel kann man Argumente für einen eindeutig christlichen Ursprung finden. Ich habe ja bereits angedeutet, dass das Bild des immer wieder auferstehenden Vogels rezipiert und in Verbindung mit dem Ostersonntags-Wunder, also der Auferstehung Jesu Christi, gesetzt wurde. Vor allem im ganz frühen Christentum, also in den Schriften der großen Kirchenväter, ist der Feuervogel und sein selbsterwähltes Sterben in den Flammen als Symbol für Jesus Christus beinahe alltäglich. Ein weiterer Beleg für einen eindeutig christlichen Hintergrund der Gralsdarstellung Wolframs ist – neben der Tatsache, dass Nicht-Christen das Heiligtum nicht einmal erblicken können – die blutende Lanze. Wir haben gesehen, dass diese eng mit dem Gral und der feierlichen Prozession in der Burg Munsalvaesche verknüpft ist, und es besteht keinerlei Zweifel, dass Wolframs Vorbild für die blutende *Parzival*-Lanze die Lanze des römischen *miles* Longinus vor Augen hatte, der den am Kreuze hängenden Jesus Christus stach und damit kraftvolle symbolische Wunderzeichen hervorrief.

Zudem erscheint uns der Gral als ein Herrschaftssymbol. Ein Herrschaftssymbol, das einen durch die göttliche Macht auserwählten Ritter zum Herrn über die Gralsgesellschaft und Munsalvaesche mit allen seinen Geheimnissen und Heiligtümern beruft. Das Gralskönigtum enthebt den Rittern, also Parzival, aus der Sphäre des weltlichen Rittertums und führt in hinauf in eine neue, in der er sich und seine ritterlichen Dienste, völlig entrückt von der Hofgesellschaft etwa eines Artus', voll und ganz auf Gott ausrichtet. Damit hat der Gral also nach Wolframs Auffassung die Aufgabe, zu Gott hinzuführen – und zwar zum, wie dauernd klar gemacht wird, zum christlichen, zum Gott der Heiligen Schrift!

Natürlich mag es sein, dass etwas wie eine Sage vom Gral oder einem himmlischen Wunderstein auch im orientalisch-muslimischen Kulturkreis existierte; meine Äußerungen hatten nicht das Ziel, dies zu bestreiten oder dem eben genannten Kulturkreis eine solche Sage absprechen zu wollen. Auch ist sicherlich möglich, dass Wolfram solche Sagen gekannt hat – doch ist es nicht möglich, dass er sich auf sie bezog, um christliche Symbole und Ursprünge vergessen zu machen. Vielmehr bin ich der Meinung, dass, sollte das eben Gesagte in dem ein oder anderen Punkt zutreffen, Wolfram gerade orientalische ‚Merkmale' übernommen hat, *weil er wusste*, dass diese in ihrem Kern urchristlich sind. Deshalb müssen wir hier Sage und Ursprung trennen, und als Ergebnis können wir nichts anderes deduzieren, als dass die Symbolik und Inhalte des Grals nirgendwo sonst als im Christentum zu verorten sind.[57]

Chrétien de Troyes

Chrétien gilt als der Begründer des höfischen Versromans[58] und gleichzeitig auch als dessen bedeutendster Vertreter in der französischen Literatur; zudem kann er als der Dichter gelten, der den Sagenkreis um Artus in die kontinentaleuropäische Literatur eingeführt hat.[59] Doch ist sein Einfluss und seine Bedeutung literarhistorisch nicht auf den französischen Raum beschränkt:

Chrétiens Romane sind auch Vorbild für deutsche Dichtungen, wie zum Beispiel den *Erec* und den *Iwein* Hartmanns von Aue oder auch den *Parzival* Wolframs von Eschenbach, auf den wir unten noch eingehen werden. Damit ist die Bedeutung Chrétiens für die Literatur des Mittelalters nicht hoch genug einzuschätzen und zu würdigen: Ohne ihn, so kann man vermutlich gefahrlos formulieren, hätte es den höfischen Roman wahrscheinlich weder in Frankreich noch in Deutschland in seiner uns überlieferten Form gegeben. Aus den einigen Romanprologen kann man schließen, dass Chrétien den ersten Teil seines Dichterlebens am Hofe Heinrichs II. von England verbrachte und erst später in seine französische Heimat zurückkehrte, wo er dann weitere Romane verfasste. Ebenso gehen seine vermutlichen Lebensdaten und die Entstehungszeit der Texte aus seiner Literatur hervor. Grundlegend dafür ist der Roman *Cligés*[60], der von einer verworrenen Liebesgeschichte im byzantinischen Reich handelt. Darin erstellt Chrétien eine Liste, in der er die von ihm verfassten Texte vor der Entstehung des *Cligés* aufzählt. Aus dieser Liste sind leider nur wenige Texte erhalten, darunter *Érec et Énide*[61], das ungefähr 1170 entstanden ist.

Sein unvollendeter – und deswegen auch vermutlich letzter – Roman ist der *Perceval*, der um 1180 für für Graf Phillip von Flandern begonnen worden ist. Der Text bricht nach rund 9000 Versen abrupt ab. Ein Abbruch eines Romans deutet, zumal im Mittelalter, fast immer auf den Tod des Autors hin, das heißt, dass Chrétien im Verlaufe des 1180er Jahre verstorben ist. Und wenn *Érec et Énide* zu Beginn der 1170er Jahre entstanden ist und Chrétien auf noch weitere Texte hinweist, die vor oder um 1170 entstanden sind, so kann man den Start seiner Karriere in die Mitte des 60er Jahre verorten und seine Geburt ungefähr 1140 ansetzen. Diese Daten sind aber, ich weise noch einmal darauf hin, nicht gesichert, sondern rein aus der literarischen Hinterlassenschaft abgeleitet. Es ist wieder Volker Mertens, der auch zu Chrétiens Persönlichkeit Informationen aus der Literatur extrahiert und sie folgendermaßen summiert: „Chrétien war sicherlich lateinisch-klerikal gebildet und kannte das Hofleben und die Gesellschaft [...] genau. Er war mit den klassischen Schulautoren ebenso vertraut wie mit juristischen Problemen, er kannte die volkssprachliche und lateinische Literatur seiner Zeit wie die Waffentechnik der Ritter und die Kleidermoden am Hof, die Benimmregeln wie die moralphilosophische Reflexion der Adelsethik und brachte all dies in seine Romane ein.“

Seine Bedeutung für die Grals-Diskussion ist unumstritten: Chrétien war der erste mittelalterliche Autor, der sich mit dem Heiligen Gral episch auseinandergesetzt hat, und er hat den Ausschlag dafür gegeben, dass Wolfram von Eschenbach sich mit dem Parzival-Stoff beschäftigte und uns somit seinen wunderbaren Grals-Roman schenkte. Auch Chrétien entwirft einen Mythos des Heiligen Grals, indem er in unglaublich kraftvollen Bildern den Gral nach seinen Vorstellungen beschreibt und ihn mit seinen persönlichen Ideen und Vorstellungen ausschmückt – und damit unsere Phantasie anregt und uns anleitet, uns mit dem Gral zu beschäftigen. Eben so, wie wir es hier gerade tun.

Zu Chrétiens Parzival-Roman müssen wir hier nur wenige Worte verlieren: Der Roman besteht aus ziemlich genau 9235 Versen und ist Fragment geblieben; er bricht mitten in der Gauvain-Handlung ab, wir wissen nichts über den weiteren Fortgang der Handlung. Dafür liegt uns nur der Roman Wolframs von Eschenbach vor, der ja bekanntlich den Text Chrétiens vorgesetzt und in seinem Sinne zu einem wertvollen Abschluss gebracht. Der für unser Untersuchungsfeld wesentliche Unterschied zwischen den Romanen Chrétiens und Wolframs besteht, das ist der fragmentarischen Fassung geschuldet, in den Gralsdarstellungen. Während der Gral bei Wolfram unglaublich ausführlich und detailreich ausgearbeitet ist, ist die Darstellung Chrétiens eher kurz und im Vergleich zu Wolfram auch nur ganz partiell geheimnisvoll beziehungsweise mystisch. Elemente wie etwa die Unsichtbarkeit für Heiden, seine Unauffindbarkeit für gezielt danach Suchende oder auch seine zauberhafte Gewichtsveränderung, die nur aufrechten Menschen bzw. keuschen Jungfrauen gestattet, ihn zu heben und zu tragen, fehlen bei Chrétien völlig. Die Kerngeschichte rund um den Gral startet bei Chrétien damit, dass ein erschöpfter Parzival, der im altfranzösischen Original Perceval genannt wird, einem Fischer begegnet, der ihm den Weg zu einer Burg weist, wo Parzival ein Nachtlager finden könne. Auf der Burg wird Parzival von Knappen, Dienern und Rittern empfangen und vor den Burgherrn geführt, der siech und krank auf einer Lagerstätte ruht. Der Burgherr bittet Parzival an seine Seite und überreicht ihm ein besonderes Schwert, das „aus hervorragendem Stahl war und daher niemals in Stücke zerbrechen“ (*Perceval*, Vv. 3138f.) konnte.

Die erste mystische Handlung auf der Gralsburg beginnt, als ein Knappe mit einer Lanze den Saal betritt. Ich zitiere den Absatz nach der Übertragung in der gängigen Edition:

„Während sie (noch) über dies und das sprachen, kam aus einer Kammer ein Knappe mit einer weißen Lanze, deren Schaft er in der Mitte gepackt hielt. Zwischen dem Feuer und den im Bett Sitzenden schritt er hindurch. Alle im Saal sahen die weiße Lanze und ihre weiße Spitze, und oben aus dieser quoll ein Blutstropfen und rann dunkelrot auf die Hand des Knappen. Der Gast starrt (gebannt) auf dieses Wunder, doch scheut er sich, danach zu fragen, wie dies geschehen könne; er erinnerte sich nämlich an das Gebot des Edelmannes, der ihn zum Ritter geschlagen und ihn aufgefordert hatte, nicht vorlaut zu sein." (*Perceval*, Vv. 3189ff.).

Mehr wird zu dem Instrument nicht gesagt, und es dauert seine Zeit, bis sie in der Darstellung bei Chrétien wieder eine Rolle wird. Erst nachdem Parzival die Gralsburg verlassen hat, fragt er bei verschiedenen Personen nach der Bedeutung der Lanze. Es macht keinen Sinn, eine Interpretation des Lanzensymbols an diese Stelle zu rücken. Zu eng ist das Wunderinstrument mit dem Gral verbunden; deshalb müssen wir uns zuerst die Gralsdarstellung Chrétiens anschauen, bevor wir Sinnvolles zur Lanze und zur Verwandtschaft mit dem Gral sagen können. Nachdem der Knappe verschwunden ist, tritt ein zweiter Zug in der großen Halle auf: die Gralsprozession. Zwei Edelknaben mit Kerzenleuchtern aus reinem Gold, auf denen jeweils mindestens zehn Kerzen brennen, führen den Zug an. Ihnen folgt ein „holdes, anmutiges Fräulein, prächtig geschmückt. In ihren beiden Händen trug sie einen Gral." (*Perceval*, Vv. 3219f.) Dieser Gral verbreitet laut Chrétien eine „so strahlende Helligkeit, daß die Kerzen ihren Glanz verloren, ebenso wie die Sterne oder der Mond tun, wenn sich die Sonne erhebt." (*Perceval*, Vv. 3225ff.) Der Gral ist aus reinem Gold und mit Edelsteinen geschmückt; alles an ihm ist kostbarer, als man irgendwo auf der Welt finden kann. Hinter der Gralsträgerin geht ein Mädchen, das eine silberne Platte trägt, über deren Zweck, wie bereits beim Gral, nicht gesagt wird. Die Prozession verschwindet, nachdem sie vor der Lagerstätte des siechen Königs vorbeigezogen ist, in einem anderen Raum. Der Dichter bietet keine Erläuterung an, sondern fährt in seiner Darstellung der Geschehnisse auf der Gralsburg einfach weiter fort.

Mit dem Verschwinden des Grals aus der Königshalle – also dem Erzähl-Ort – verschwindet der Gral auch, fürs Erste, aus dem Roman. Einige Zeit später zieht der Gral ein zweites Mal durch die Halle, nämlich als die Tafel für das festliche Essen von Rittern gedeckt wird. Bei jedem Gang, der aufgetragen wird, wird die Prozession entlang der Tafel wiederholt. Ein Speisewunder wie bei Wolfram kann man hier zwar nicht ausmachen, davon spricht Chrétien in keinem Vers. Aber es könnte scheinen, als seien Gral und Speise auf wunderliche Weise miteinander verbunden, denn bei jeder neuen Bewirtungsphase', die von Chrétien als hervorragend gelobt werden, wird der Gral als Bezugspunkt mit genannt. Mit dem Abschluss der Tafelei endet die Darstellung der Gralshandlung in der Burg; am nächsten Morgen verlässt Parzival die Burg, ohne jemanden zu treffen. Im Wald trifft Parzival ein trauerndes Fräulein, das sich als seine Cousine herausstellt und ihn wegen seiner versäumten Fragen auf der Burg schwer tadelt.[62]

Über den Gral wird Parzival erst beim Einsiedler-Oheim, der sein Onkel mütterlicherseits ist, belehrt. Dieser erklärt ihm, nachdem Parzival Reue vor Gott gezeigt und seine Schuld eingesehen hat, dass der Gral die Aufgabe hat, den Vater des Oheims und des Burgherrn „zu speisen“ (*Perceval*, V. 6414). Dieser ist sehr alt und liegt in der Kammer, in den der Gral getragen wird. Die Kammer hat er seit zwölf Jahren nicht mehr verlassen. Mit der Speisung ist jedoch nicht gemeint, dass der Gral an der Speisetafel vorbei getragen wird und möglicherweise etwas mit dem guten Essen in der Gralsburg zu tun hat. Die Nahrung, die der Gral dem alten König spendet, besteht aus einer Hostie, die ihn am Leben hält und ihn stärkt (*Perceval*, V. 6424). Der Gral und die heilige Hostie sorgen durch göttliche Macht dafür, dass der Mann in der Kammer nicht sterben kann und keine Notwendigkeit verspürt, sich in der Gesellschaft aufzuhalten.[63]

Damit wird deutlich, wie es in der Darstellung Chrétiens um den Gral steht. Indes wissen wir aber noch nicht, welche Bedeutung der Gral und die Geschehnisse rund um dies wunderliche Gefäß haben könnten und was wir über mögliche Quellen der Gralssage erfahren können. In der älteren Forschung wird angenommen, dass Chrétien mit seiner Gralshandlung auf eine Art christliche Eucharistie anspielen wollte. Der Gral wird als ein kunstvoll verziertes eucharistisches Gefäß verstanden (man denke an die herrlichen katholischen Abendmahlskelche aus Mittelalter und Neuzeit, die man in vielen sakralen Museen bewundern kann), der von einem anderen Mädchen getragene Teller als Patene der Abendmahlsfeier. Die Patene ist der Abendmahlsteller, der auf dem Kelch des Priesters liegt und die Hostie trägt. Bei Chrétien wird dieser Teller separat in den Prozessionen herumgetragen, er liegt explizit nicht auf dem Gral, und er trägt auch nicht die Hostie. Es wurde deshalb vermutet, dass sich die Hostie während der Prozession bereits im Gral befindet und später auf die Patene gelegt wird, von wo aus sie dem Vater des Burgherrn gereicht wird.[64] Der alte Vater lebt durch die Kraft der Hostie, die ihm im Gral gebracht wird. Damit erhält das Gefäß ungeheure Relevanz für die gesamte eucharistische Handlung: Er ist Aufbewahrungsort des Leibes Christi, aus ihm wird Leben gereicht dem, der die Hostie zu sich nimmt. Gral und Hostie sind verbunden und können in der von Chrétien gezeichneten Handlung nicht getrennt werden. Ausgehend von diesen Ergebnissen können wir bereits an dieser Stelle formulieren, dass Chrétien ganz sicher einen starken christlichen Kern gesehen hat, als er die Gralsgeschichte aufschrieb. Es ist nichts daran märchenhaft oder verweist auf heidnische oder vorchristliche Mythen oder Erzählungen. Ganz klar stellt Chrétien einen Bezug zur Eucharistie und Liturgie der christ-katholischen Kirche und versucht an keiner Stelle, diesen frommen Gestus zu dämpfen. Burdach schreibt: „Sowohl in Christians [Chrétiens; Patrick Peters] wie in Wolframs Gedicht bekundet sich des Grals Wesen und Wirkung als christliches Mysterium."[65]

Es geht Chrétien also nicht um eine märchenhafte, eine phantastische Darstellung, sondern schlichtweg um eine fest im Christentum verankerte Handlung, die in ihrer Mitte Gral und Hostie sieht. Dadurch kommen wir zu einem weiteren Ergebnis: Da die Handlung, die den Gral in den Mittelpunkt hebt, christlich fundiert ist, gilt dies auch für den Gral als solches. Er muss als christliches Kultgerät gesehen werden, dass im Rahmen einer christlichen Handlung zum Einsatz kommt. Losgelöst von der Eucharistie in der Burg hat das Gefäß keine Einsatzmöglichkeiten, da es keine wirklichen Kräfte besitzt, die in einer anderen Situation eingesetzt werden könnten.

Noch deutlicher kommt das starke, von wohl nichts anderem durchsetzte christliche Gedankengut heraus, wenn wir uns den Zusammenhang von Gral und blutender Lanze anschauen. Die Gegenstände bilden, so impliziert es der Text (Vv. 3547ff.; Vv. 4652ff.), eine Einheit; Parzival soll nicht nur nach dem Gral, sondern auch nach der Lanze fragen, die ja in einer ersten Prozession durch den Saal des siechenden Königs getragen wurde. In der Eremiten-Szene, wo Parzival Belehrung erhält, steht die Lanze bei jeder Antwort, die der weise Oheim ihm gibt, vor dem Gral, sie nimmt den ersten Platz in der Darstellung ein. Und es handelt sich auch hier, das steht unverrückbar fest, um die heilige Lanze des Legionärs Longinus, über die schon mehrfach verhandelt worden ist. Das ist nicht nur durch eine starke literarische Tradition stofflich bedingt, sondern kommt wohl auch heraus, wenn wir uns noch einmal den Tag der Einkehr Parzivals in die Eremiten-Klause im Wald ins Gedächtnis rufen: Es ist Karfreitag, als Parzival seine Sünden bekennt und mit der Umkehr seines Lebens beginnt. In der Liturgie wird an Karfreitag auf das Evangelium nach Johannes Bezug genommen, in dem ja die Erzählung des Lanzenstichs und dessen Folge – die Öffnung der Seite Jesu Christi und das Herausfließen von Blut und Wasser – eine zentrale Rolle spielt. Im Anschluss an die Liturgie, die bei Chrétiens als die „feierlichste[.] und ergreifendste[.] Liturgie, die in der heiligen Kirche gefeiert werden kann" (*Perceval*, Vv. 6345f.) bezeichnet wird, vermittelt der Eremit Parzival die Geheimnisse von Gral und Lanze. Geht man nun auch noch davon aus, dass es sich bei Chrétiens Grals-Gefäß um den Kelch des Letzten Abendmahles handelt[66], kommt die Verbindung von Gral, Lanze und Karfreitag noch stärker heraus. Beide Gegenstände „eint ihr gemeinsames erstes Auftreten bei der Kreuzigung des Heilands"[67], heißt es bei Burdach, und wir sind geneigt, das auf die Darstellung Chrétiens in der Gralsburg zu beziehen, um damit nicht nur den unverrückbaren Zusammenhang zwischen Gral und Lanze in der Dichtung des Franzosen zu beweisen, sondern auch noch einmal darzulegen, dass Chrétien bei seiner Lanze nicht an irgendein zerstörerisches Instrument aus heidnischen Sagen- und Märchenkreisen, sondern eindeutig an die Longinus-Lanze des Vierten Evangeliums erinnern will.

Robert de Boron

Wenn ich zu Beginn des Abschnittes über Wolfram von Eschenbach sagte, dass wir nicht viel über den Dichter wissen, dann muss ich im Anfang dieses Teils, der sich mit dem dritten großen Gralsdichter Robert de Boron beschäftigen soll, wesentlich schärfer formulieren: Über Robert de Boron ist gar nichts bekannt, außer dass er vermutlich aus dem Ort Boron östlich von Montbéliard stammte und – das glaubt die romanistische Mediävistik aus seiner Sprache und seiner literarischen Technik ableiten zu können – etwa um den Wechsel vom 12. zum 13. Jahrhundert dichterisch tätig war. Wir steigen also gleich in die Darstellung von Roberts Gralroman, der *Geschichte des heiligen Gral*, ein; der Ablauf wird der gleiche sein wie bei Wolfram, also inhaltliche Übersicht, Erörterung der wesentlichen Fragen, Untersuchung der Gralsdarstellung, Auswertung der dort erarbeiteten Sachverhalte sowie schlussendlich die Formulierung von Ergebnissen hinsichtlich Ursprung, Symbolik und Inhalt.[68] Roberts Bedeutung für diese Studie habe ich bereits in der Einleitung kurz angerissen: Der Altfranzose hat den Mythos vom Gral als Kelch des Letzten Abendmahls geprägt und die Figur des Joseph von

Arimathäa in die Debatte eingeführt. Zudem ist der Roman des Robert de Boron zumindest teilweise in Jerusalem lokalisiert – einen besseren Bezug zum Titel dieses Buches könnte man also gar nicht herstellen.

Der Übersetzer und Editor des Robertschen Romans hat den Text in insgesamt 21 Abschnitte gegliedert und diese nochmals jeweils in kurze Sinnabschnitte unterteilt. Der Einfachheit halber werden wir versuchen, uns im Folgenden im Rahmen unserer inhaltlichen Zusammenfassung weitgehend an diese Gliederung des Romans halten. Robert setzt in seiner *Geschichte des heiligen Gral* mit einer Art einleitenden Vorgeschichte ein, in der er unter anderem einige Propheten des Alten Testamentes nennt und sagt, dass diese schon sehr früh von Jesus Christus und seiner ‚Mission' auf der Erde wussten. Zudem behandelt er in einigen Versen die Gottesmutter Maria; darin ist sein Hauptanliegen, sie mittels alt hergebrachter Beiworte zu loben und zu preisen (zum Beispiel: „Sie war voll aller Güte, in ihr ließ er alle Schönheiten thronen, ihr eignete der Duft der Maidornblüte, sie ist auch wie der Rosenstock, denn sie trug die süße Rose, die in ihrem Leibe Wohnung genommen hatte." (*Geschichte*, S. 9)). Im Anschluss kommt Robert zu Adam und Eva, dem Fall der Menscheneltern und was Gott tat, um die schwere Sünde, die seitdem auf allen Menschen liegt (erbsündliche Belastung), zu tilgen: „Und sie mußten in der Hölle bleiben, solange es Gottes Ratsschluss war und nicht länger; denn Er sandte seinen Sohn hier herab, um das Werk des Vaters zu retten; deshalb erduldetet er den bitteren Tod." (*Geschichte*, S. 11).

Im nächsten Sinnabschnitt geht es dem altfranzösischen Epiker um die Geschichte der Taufe. Mit der Taufe Jesu Christi im Jordan durch Johannes den Täufer beginnt die Tradition der Taufe als bedeutendes Symbol der christlichen Kirche im Namen der Heiligen Dreifaltigkeit; Jesus formuliert: „Die an mich glauben, sollen mit Wasser getauft werden, im Namen des Vaters und des Sohnes Christus und des Heiligen Geistes; denn dadurch werden sie gerettet und aus der Macht des Widersachers erlöst werden, solange sie sich nicht wieder durch neue Sündenschuld hineinstürzen." (*Geschichte*, S. 12). Im Folgenden erzählt Robert von Boron von einigen wichtigen Ereignissen im Leben Jesu Christi (unter anderem spricht er von Maria Magdalena, die die Füße Jesu Christi mit ihren Tränen wäscht und den Haaren trocknet sowie von Judas und seinem schändlichen Verrat für 30 Silberlinge) und führt in einem langen Abschnitt Joseph von Arimathäa mit Namen in seinen Roman ein. Dieser ist ein wichtiger jüdischer Herr und dient mit fünf Rittern dem römischen Statthalter von Judäa Pontius Pilatus; gleichzeitig ist er aber auch

ein Anhänger Jesu Christi, wiewohl ohne dass er sich dafür zu erkennen geben mag aus Angst vor seinen jüdischen Mitbürgern. Als Lohn für seinen treuen Dienst im Gefolge des Pilatus verlangt Joseph „voll Unmut und Trauer" (*Geschichte*, S. 17) von Pilatus den „Leichnam Jesu, den sie zu Unrecht ans Kreuz gehängt haben" (*Geschichte*, S. 18). Dabei soll ihm nach dem Willen Pilatus' ein Mann namens Nikodemus behilflich sein; zudem überlässt der Römer Joseph noch ein Gefäß, in dem Jesus am letzten Abend vor Gefangennahme, Passion und Tod das Sakrament gefeiert hatte: der Becher des Letzten Abendmahls. Als Joseph und Nikodemus Jesus vom Kreuz abnehmen, fließt auf einmal Blut aus Jesu Wundmalen an Händen, Füße und rechter Seite; dieses Blut fängt Joseph von Arimathia in dem Sakraments-Gefäß auf. Jesus wird anschließend ein „kostbares Leintuch" (*Geschichte*, S. 20) gewickelt und, wie es in der Bibel beschrieben wird, in ein Grab gelegt, welches Joseph ursprünglich zu seinem eigenen Nutzen ausgewählt hatte. Im Anschluss ‚begleitet' Robert Jesus zunächst auf seine Reise nach seinem Tod: Jesus steigt in die Hölle herab und befreit das ganze sündige Menschengeschlecht aus den Händen Satans. Nachdem er dies vollbracht hatte, so schreibt Robert, erwacht Jesus „vom Tode zur Auferstehung" (*Geschichte*, S. 20) und erscheint Maria Magdalena sowie seinen Jüngern. Jesu Auferstehung missfällt den Juden, als Schuldigen machen sie hauptsächlich Joseph sowie in Abschnitten Nikodemus aus. Als ‚Gegenschlag' wollen sie die beiden gefangen setzen und scheuen nicht davor zurück, sie im Zweifel zu töten. Doch Nikodemus entwischt ihnen, so dass sie ihre ganze Wut an Joseph auslassen („[…] sie schlugen ihn grausam und peitschten ihn" (*Geschichte*, S. 22)).
Danach sperren sie ihn in ein Verlies und siegeln die Tür, dass niemand den Joseph befreie. Doch Hilfe kommt für Joseph von einem, von dem er es nicht erwarten konnte: Mit einem Male steht Jesus Christus selbst vor Joseph in dem Kerker und das Gefäß des Letzten Abendmahles in der Hand das Joseph von Pilatus bekommen hatte. Zuerst weiß Joseph nicht, wen er vor sich hat, doch als Jesus sich ihm offenbart – und Robert diese Stelle nutzt, um noch einmal einen kurzen Abriss der wesentlichen christ-katholischen Glaubensinhalte einzustreuen – bittet Joseph ihn um Beistand. Diesen gewährt Jesus Christus ihm, spricht ihm ein „treues Herz" (*Geschichte*, S. 25) zu und versichert ihm seiner großen Liebe. Zudem weist Christus Joseph darauf hin, dass er wohl von der Verehrung Josephs wisse, die der jüdische Edelmann jedoch immer nur still und heimlich vollziehen konnte. Nach dieser Rede kommt Robert zum Kern seines ganzen Romans: die Initiation Josephs von

Arimathäa als Hüter des Abendmahlskelchs. Bei der Berufung Josephs zum Gralshüter wird auch erstmalig etwas zur Gestalt des „kostbare[n] und edle[n]" (*Geschichte*, S. 25) Gefäßes, in dem das „allerheiligste Blut" (*Geschichte*, S. 25) aufbewahrt wird, gesagt: „Du sollst das *Zeichen meines Todes* [Hervorhebung P.P.] in Deiner Macht haben und sollst es hüten, und diejenigen sollen es in ihre Obhut bekommen, denn Du es wirst geben wollen." (*Geschichte*, S. 25). Danach erläutert Jesus dem Joseph, was es mit dem Gefäß auf sich und wie er damit umzugehen hat. Das Gefäß soll nach Jesu Willen einer christlichen Gemeinschaft als Sakramentskelch dienen und jeden, der es anschaut, zu Christus hinführen; zudem erläutert Jesus Christus ganz allgemein den Altar- und Eucharistiedienst, der aus dem Letzten Abendmahl und dem Gefäß entspringt.[69] Nach der Berufung und Belehrung, wie Joseph es mit dem Gral zu halten habe, verlässt Jesus den Kerker, nicht ohne jedoch Joseph vorher eine wunderliche Befreiung und den ewigen Beistand des Heiligen Geistes zugesichert zu haben.
Im nächsten Abschnitt berichtet Robert de Boron von einem jungen Pilger, der als Zeuge für Jesu Auferstehung fungiert und eine Kette von besonderen Ereignissen lostritt. Der Pilger sieht Jesus Wundertaten vollbringen und berichtet davon in Rom, wo der Sohn des Kaisers Titus, Vespasian, an üblem Aussatz zu leiden hat; zudem erzählt er vom Leiden und Sterben Jesu Christi durch jüdische Hand. Daraufhin wird der Pilger vor den Kaiser geführt, welcher die Botschaft von den Heil- und Wunderkräften Jesu gerne hört, denn er hofft, dass sein Sohn dadurch Genesung finden könnte. Der Kaiser schickt Boten nach Judäa, lässt seinen Statthalter Pontius Pilatus in der ‚Jesus-Sache' examinieren und trägt seinen Dienern auf, „irgendein Ding, das dem Edlen gehört" (*Geschichte*, S. 33) hat, eiligst nach Rom zu schaffen. Nach einiger Suche finden die kaiserlichen Boten eine Frau namens Veronika, die ein Tuch besitzt, mit dem sie Jesus auf seinem Kreuzweg den Schweiß abgewischt hatte; anschließend befand sich auf dem Tuch ein Bild Jesu Christi.[70] Mit dieser Reliquie und der Besitzerin reisen die Gesandten zurück nach Rom, wo der Kaisersohn Vespasian, sobald er das Tuch mit Jesu Antlitz darauf erblickt, wieder gesund wird. Nachdem Vespasian von der Leidensgeschichte Jesu gehört hat, reist er voll Zorn und dem Verlangen nach Vergeltung nach Judäa und lässt zahlreiche Juden, die mit dem Tode Jesu zu tun hatte, qualvoll hinrichten. Auf sein Verlangen, dass sie ihm Jesus auslieferten, verweisen sie Vespasian auf Joseph von Arimathäa, der Jesus ja bekanntlich vom Kreuze abgenommen hat. Sodann berichten die Juden dem Kaisersohn

von der Einkerkerung Josephs in dem Turmverlies, worauf Vespasian das Gefängnis öffnen lässt und nach Joseph in der Dunkelheit ruft. Er erhält keine Antwort und steigt darob selbst in die Tiefe hinab, wo er in einem „kleinen Verschlag […] Helligkeit" (*Geschichte*, S. 48) sieht und auf Joseph trifft. Dieser kündet ihm von Jesus Christus, woraufhin Vespasian endgültig zum Christen wird (nachdem er ja zuvor durch Jesus geheilt worden war): „Ich werde an Ihn glauben und werde Ihn von Herzen gerne anbeten." (*Geschichte*, S. 49).

Im nächsten Abschnitt stellt Robert die Göttlichkeit ganz offensichtlich heraus: Josef und sein Volk verlassen Judäa und ziehen durch den Nahen Osten. Schnell leiden sie Hunger, doch der Gral verwandelt wenig Speise in viel – aber nur für die, die wahrhaftig an Gott glauben und Jesus in seinem Glauben nachfolgen. Sie spüren „Süßigkeit und Erfüllung ihrer Herzen" (Geschichte, S. 58). Die Szene an der von Josef begründeten Tafel erinnert natürlich an das Letzte Abendmahl in Jerusalem, das für den Gral als Kelch allerhöchste Bedeutung hat. Wer nicht rechtgläubig ist, bleibt von der Tafelausgeschlossen und partizipiert nicht an der göttlichen Gnade.

Für Josephs bedeutet dieser Augenblick des Erkennens der Sünder viel, begreift er doch, dass er Weisung Gottes erhalten hat – durch das Gefäß in seiner Obhut. Diese Stelle eröffnet auch dem Leser die Natur des Gefäßes, zudem bekommt es seinen Namen „Gral" durch Petrus:

„Dies Gefäß, das wir eben gesehen haben, war uns nie vorher gezeigt worden; wir wissen nicht, was das sein kann, so sehr wir uns auch darum bemühen mögen." Die Begnadeten entgegneten: „Durch dieses Gefäß sind wir von Euch geschieden; denn es hat mit keinem Sünder Verkehr in Liebe und Gemeinschaft; das könnt Ihr wohl genau sehen. – Nun sagt uns aber die ganze Wahrheit, welche Absicht und welchen Willen hattet Ihr und welchen Gedanken, als man Euch sagte: Kommt her und setzet Euch! – Hier könnt Ihr von neuem erkennen, wer diese große Sünde beging, weil Ihr aus der Gnade vertrieben seid." Die Verworfenen entgegneten: „Wir werden kläglich davongehen und Euch verlassen, doch wenn es Euch gefällt, so lehret uns, – wir wissen wohl, daß Ihr es könnt: was sollen wir sagen, wenn man uns fragen wird, warum wir Euch hier verlassen haben?" – „Nun vernehmet, was Ihr antworten sollt: wenn man Euch darob schmähen wird, so sollt Ihr in Wahrheit antworten: wir anderen seien in der Gnade Gottes unseres Vaters, Jesu Christi und des Heiligen Geistes geblieben, ganz gestärkt in dem Glauben Josephs und seiner weisen Vorsehung." – „Und welches wird der Ruhm des Gefäßes sein, das Euch so überaus wohlgefällt? Sagt uns an, wie nennt man es, wenn man es bei seinem Namen nennt?" Petrus antwortete: „Das gedenke ich nicht zu verheimlichen: wer es recht nennen will, soll es mit Fug und Recht Gral nennen! Denn niemand soll den Gral erblicken, glaube ich, dem er nicht genehm ist: er gefällt allen im Lande, allen ist er genehm und allen ist er recht. Ihn zu sehen, erfüllt alle mit Wonne, die in seiner Nähe leben und seine Gesellschaft genießen können, so viel Wonne haben sie dabei wie ein Fisch, den ein Mann in seiner Hand hält und der aus der Hand wieder entschlüpfen und ins tiefe Wasser eintauchen kann." (*Geschichte*. S. 59f.)

Einer der Ausgestoßenen will jedoch die Kraft des Grals und der Gemeinschaft testen und schleicht sich durch Lügen an die Tafel: Doch sein Plan geht nicht auf, der Gral erkennt seine bösen Gedanken: „So setzte er sich denn, und als er saß, wurde er auf der Stelle von der Erde verschlungen und es sah aus, als ob er niemals dagewesen sei." (*Geschichte*, S. 63) Der Herr kündet Joseph von Verrat und Untergang des Ungläubigen, und gleiches tut Joseph vor seinem Volk, das daraufhin die „Allmacht Gottes" (*Geschichte*, S. 65) lobt.

Zum Ende des Romans stellt Robert noch einmal den Gral in den Mittelpunkt und leitet eine Art Genealogie der Gralshüter ein. Ein Engel erscheint Joseph und trägt ihm auf, seinen Schwager zum Gralshüter zu berufen, auf dass er den Gral von Generation zu Generation weitergebe. Gott hat sich, so doziert der Engel, für Bron entschieden, weil dieser „stets ein guter Edelmann gewesen ist" (*Geschichte*, S. 75) sowie den Fisch, der für das Tafel-Ritual nötig war, gefangen hat. Zudem trägt der Sendbote Gottes Joseph folgendes auf:

„Unterweise ihn in allen Taten und Sitten, in allem, was Du von Gott hörtest, von jener Stunde an, da Du geboren wurdest. Du sollst ihn in meinem Glauben vertiefen und ihn gut unterweisen. Erzähle ihm, wie Gott zu Dir in den Kerker kam und Dein Gefäß trug und es Dir in die Hände gab; er hat zu Dir die heiligen Worte gesprochen, die süß und kostbar, gnadenvoll und fromm sind, die recht eigentlich die Geheimnisse des Grals genannt werden. Sobald Du dieses gut und schön ausgeführt hast, sollst du ihm das Gefäß anvertrauen, damit er es von nun an hüte. [...] Du sollst ihn zum Herrn und Meister über den Gral einsetzen. So wie die Welt weitergeht und alle Tage abnimmt, ziehmt es sich, daß diese ganze Schar immer weiter gegen Westen wandere. Sobald Bron Dein Gefäß in die Hand bekommen und es tragen wird, muß er geradewegs nach dem Abendlande hinauswandern." (*Geschichte*, S. 75).

Bron wird ab diesem Zeitpunkt als der Reiche Fischer bezeichnet, und Joseph, so erfüllt sich eine weitere Prophezeiung des Engels, scheidet aus der Welt und geht in die „vollkommene Freude" (*Geschichte*, S. 76) ein. Damit endet der Roman. Joseph wird uns im zweiten großen Kapitel dieser Studie noch einmal beschäftigen, wenn es darum geht, die Spekulationen rund um den Gral darzulegen. In der Fußnote finden sich alle Informationen über Joseph in den biblisch-apokryphen Texten; auf sie wird später noch einmal Bezug genommen.[71] Wir schließen nun die inhaltliche Zusammenfassung ab und wenden uns zuerst einer kurzen Interpretation des Romans zu, danach befassen wir uns mit der Gralsdarstellung.

Zuvorderst fällt an diesem Gralsroman auf, dass er von seinem generellen Gestus her überhaupt nicht zu den anderen beiden großen Gralsromane dieser Zeit passen möchte. Während Chrétien und Wolfram größten Wert darauf legen, unbedingt einen glanzvollen höfischen Roman mit allen gängigen Requisiten wie – oberflächlich gesprochen – Rittern, schönen Fräulein, Waffengängen und viel Glamour schreiben wollen, ist die Atmosphäre bei Robert de Boron eine gänzlich andere. Sein Roman könnte nicht weiter von allem Höfischen entfernt stehen, als er es tut: Schon aus den ersten Versen der *Geschichte des Heiligen Gral* sehen wir, dass es dem Dichter einzig darum geht, die Erlösertat Jesu Christi und deren Wirkung darzustellen. Zudem will Robert die Menschenherzen für diese Darstellung öffnen, indem er die kleinen und kleinsten Sünder (vgl. *Geschichte*, S. 9) direkt anspricht, um ihnen von Jesus Christus zu künden. Im Gegensatz zum idealen Artushof Chrétiens und Wolframs (welcher ja durch Trevrizent die Ritterschaft überhaupt als scheinheilig kritisiert), an dem das höfische Leben und perfektes ritterliches Verhalten ihre höchste Ausprägung überhaupt erfahren haben, steht bei Robert eine ideale religiöse Gemeinschaft im Mittelpunkt der Dichtung. Der ganze Roman evoziert eine erhabene, christliche, überaus fromme Stimmung, die sich völlig von jeglichen weltlichen Bezügen entfernt. Für diese Feststellung spricht beispielsweise, dass Joseph seinem Volk gebietet, „Erbgüter, Ländereien und Herbergen" (*Geschichte*, S. 54) zurückzulassen und von allem irdisch-weltlichen Besitz fortzuziehen. Es gilt im Roman nichts außer der reinen Lehre Gottes und dem großen Opfer, das der Christus-Jesus gebracht hat um die, die an ihn glauben und seiner neuen Lehre folgen, vor der ewigen Hölle zu retten. Ehre, Ruhm oder ähnliche, von einer höfischen Kampfes- und Standeskultur geprägte Begrifflichkeiten spielen bei Robert nicht die geringste Rolle. Als Kämpfer treten nur der römische Imperator und sein Sohn auf, der eine auch nach der Heilung seines Sohnes Heide, der andere durch seine göttliche Gesundung zum Christentum gebracht, von „Hause aus" aber natürlich ebenso Heide wie alle anderen Römer dieser Zeit auch. Keiner aus dem Gefolge Josephs oder seiner Familie wird jemals in Waffen, Rüstzeug oder auch besonderer, ein bestimmtes Bild suggerierende Kleidung dargestellt[72], niemand strebt nach etwas anderem als Erlösung. Natürlich ist auch bei Chrétien de Troyes und Wolfram von Eschenbach nicht davon zu sprechen, dass ein genuin christlicher Impetus und eine Meta-Gesellschaft im Sinne von über der höfischen stehend nicht existieren würde; so tritt ja schließlich Parzival nach der Belehrung durch Trevrizent aus dem normalen Ritterleben heraus und in eine neue Seins-Stufe ein, eine, die wegführt vom weltlichen ins geistliche Rittertum. Und genau das bleibt dann wiederum der große Unterschied zum Gralsroman Roberts: die Gestalt des Ritters, die in jeder Ausprägung, also ob geistlich oder profan, *der* entscheidende Gesellschaftsträger bleibt. Davon ist Robert losgelöst. Bei ihm gibt es etwas wie einen Ritter nicht, sein Personal qualifiziert sich einzig und allein durch ihre leidenschaftliche Hingabe zu Gott, der neuen Lehre und den Worten ihres spirituellen Führers Joseph von Arimathäa. Spirituell, weil es ein weltliches Leben mit Genuss etc. für sie – im Gegensatz zur Gralsgesellschaft der beiden höfischen Dichter – nicht mehr gibt.

Doch kommen wir zum Gral. Möglicherweise werde ich mich im Folgenden, wenn es darum geht, die Grals-Darstellung zu analysieren, ein wenig wiederholen; doch bei der Wiedergabe des Inhalts kam ich nicht umhin, auch einige Aspekte des Grals anzuschneiden, auf die jetzt nochmals in Tiefe eingehen muss. Was können wir zum Gral sagen, wo können wir ihn verorten, wie ihn von den beiden vorherigen Gralsdarstellungen abgrenzen? Rekapitulieren wir noch einmal: Der Gral ist der Kelch, aus dem beim Letzten Abendmahl Wein getrunken wurde und in dem Joseph von Arimathäa das Blut des gekreuzigten Jesus Christus aufgefangen hat. Auch ist der Gral Mittelpunkt einer christlichen Gemeinschaft und Dreh- und Angelpunkt jeder Christusverehrung: Durch den Gral spricht das Göttliche zu Joseph, durch den Gral empfängt Joseph Befehl und Rat, durch den Gral trennt sich die ungläubige Spreu vom christustreuen Weizen. Es ist leicht zu erkennen, dass der Gral bei Robert als christliches Kultgefäß eine wesentliche Rolle spielt. Während etwa bei Wolfram der Gral die Aufgabe hat, Ritter aus der höfischen Welt zu entheben und zu Gott hinzuführen, wird mit Gral Roberts ‚gearbeitet', er steht im beziehungsweise ist das Zentrum kultischer Aktivitäten, die, man muss es so sagen, dem christlichen Gottesdienst nicht unähnlich sind. Denn der Gral Roberts ist ja für die Josephs-Gemeinde zentraler Gegenstand einer das Abendmahl nachempfindende Symbolik und nur Joseph als Gemeindevorsteher darf über den Gral gebieten und ihn für die Kulthandlungen nutzen. Und Robert lässt Jesus ja sagen, dass wo auch immer das Abendmahl vollzogen werde, auch Josephs Name stets genannt würde. Lässt sich dann hier noch verleugnen, dass Robert mit einiger Wahrscheinlichkeit an die Messriten der Amtskirche gedacht hat bei seiner Darstellung der Gralsgemeinde? Ist der Gral nicht für Joseph und sein Gefolge das, was für den ‚normalen' Christen der Kelch ist, in dem die Wandlung von Wein zum mystischen Blut durchgeführt wird? Damit hier haben nun neben einer Parallele zum christlichen Gottesdienst auch den wesentlichen Unterschied: Es findet nämlich bei Robert trotz aller bekannt anklingenden Merkmale wie Kelch, Gemeinde, Blut und Abendmahl *keine* Wandlung, keine Transsubstantation von Wein zu Blut, von Brot zum Leib statt! Die Hostie als bestimmendes Element der Wandlung gibt es bei Robert nicht einmal. Es findet also *keine* vollständige Eucharistie statt. Denn das Blut Jesu Christi im Gral verändert sich nicht, es bleibt immer bestehen und immer gleich in seiner Wirkung. Damit macht Robert zudem klar, dass das Blut auch ewig lebendig ist und nie etwas von seiner göttlichen Kraft verliert. Bleiben wir beim Blut Jesu Christi. Das heilige Blut erfüllt die Gralsgemeinde mit ewiger Beseelung mit dem Geist und der Nähe Jesu Christi, es sichert die Gralsgemeinde gegen jeden schlechten Menschen von außen (vergleiche das Verschlingen des Lügners). Und in der Symbolik des vom Joseph-Schwager Hebron gefangenen Fisches wird Jesus in Verbindung mit dem Gral dann doppelt lebendig, gilt doch der Fisch als Bild für Christus.

An keiner Stelle wird der Gral als Wundergefäß beschrieben, er besitzt aus sich heraus keine Zauber-Eigenschaften, eine wirkliche *descriptio* im Sinne einer auf einen Gegenstand umgewandelte Schönheitsbeschreibung liegt nicht vor. Das Gefäß als solches hat keinen Wert, man kann nichts Rechtes mit ihm beginnen, er vollbringt keine Wunder wie Krankenheilung opulente Speisenschenkung. Der Gral Roberts ist nicht als Gral an sich bedeutsam, sondern als *Aufbewahrungsort des heiligen Blutes Jesus Christus*. Dadurch unterscheidet er sich massiv von den Gralsdarstellungen bei Chrétien de Troyes und Wolfram von Eschenbach, denn Roberts Gral ist tatsächlich ein göttliches Gefäß, dass völlig aus der Welt herausgelöst ist und keinerlei weltliche Ansprüche oder Vorteile bringt. Für die Gralsgemeinde beziehungsweise sämtliche Gralsjünger hat das Gefäß rein spirituelle Bedeutung; Bezüge hinein in die reale Welt gibt es nicht. Damit passt Robert den Gral an die gesamte Atmosphäre seines Romans an, der ja, wie bereits gesagt, in einer völlig aus dem Weltlichen herausgezogenen Sphäre angesiedelt ist. Während der Gral im deutschen und französischen Parzival-Roman als ein Herrschaftssymbol gelten kann (die Gralsritter können als Herrscher in fremde Länder reisen, der Oberste der Gralsgemeinde wird als König bezeichnet und residiert in Glanz und Glorie auf einer Burg), ist er bei Robert nichts anderes als ein Gefäß, durch das Gnade erlangt werden kann beziehungsweise ein Gefäß, das Gnade gibt. Das macht Robert in der großen Szene klar, in der Petrus dem Gefäß seinen Namen „Gral" gibt: Wer wegen seines unchristlichen Geistes nicht mehr zur Gemeinschaft des Gefäßes, das „mit keinem Sünder Verkehr in Liebe und Gemeinschaft" (*Geschichte*, S. 60) gehabt hat, gehört, ist „aus der Gnade vertrieben" (*Geschichte*, S. 60); alle die, die sich weiterhin im guten Glauben an die Lehre Jesu Christi in die Gemeinde einbringen, bleiben in der „Gnade Gottes unseres Vaters, Jesu Christi und des Heiligen Geistes" (*Geschichte*, S. 60). Dieser Aspekt der Gnade macht den Gral zu einem ultimativen Heilssymbol, durch das Gott sich offenbart und an das sich die Gläubigen klammern können. Als Herrschaftssymbol, um auf die Ausgangslage des Abschnittes zurückzukommen, kann den Robertschen Gral nur jemand bezeichnen, der den Kopf einer friedlichen Glaubensgemeinschaft als Herrscher oder Machthaber versteht. Ich sehe, selbst bei einer kritischen Suche, keinerlei Hinweise auf ein solches Verständnis in Roberts Roman: Mit Macht hat der Gral also nichts zu tun.

Hinsichtlich möglicher Quellen oder Querverbindungen in andere Kulturen können wir bei Robert de Boron wenig sagen. Der französische Dichter steht voll in einer christlichen Tradition, sein Roman ist Zeugnis einer tiefgläubigen christlichen Seele, die keinerlei Einflüsse anderer Richtungen – wie möglicherweise orientalische oder keltische Aspekte – auch nur im Entferntesten zulassen. Roberts Grals-Elemente kommen aus der Bibel, aus der christlichen Theologie, aus der christlichen Symbolik – und sonst nirgendwo her. Dem Gral liegt bei Robert keine a-christliche Quelle zugrunde.[73]

Schlussfolgerungen

Welches Resümee können wir nun aus den Ergebnissen der vorangegangenen drei Abschnitte über die wesentlichen literarischen Gralsdarstellungen des Mittelalters ziehen? Wohl zuvorderst, dass die gesamten Gralsdarstellungen voll in der Sphäre des Christlichen verankert sind und man sie dort nicht ernsthaft herausführen kann. Selbst bei Wolfram von Eschenbach, wo vielerorts Bezüge zu heidnischen Mythologien auftauchen und der christliche Ursprung seiner Darstellung dann und wann verschwimmt, kommt man bei allen Aspekten immer wieder zurück zum genuin Christlichen, wenn man sich nur die Weiterentwicklung heidnischer Symbole und deren standardisierte Einarbeitung im Christentum des 12. und 13. Jahrhunderts anschaut. Wir haben das unter anderem am Beispiel des Phönix-Vogels beobachten können: Sukzessive wurde im Laufe der Jahrhunderte ein in vorchristlichen Jahrtausenden gängiges heidnisches Symbol ins christliche Weltbild integriert – in Wolframs Zeit steht der Vogel, der verbrennt und wieder ersteht, für die Wiederauferstehung Christi. Manche Forscher mit großer Stoffkenntnis keltischer und anglo-irischer Literatur haben sich bemüht, Symbole wie den Speise spendenden Kelch oder auch die blutende Lanze in eben jene Literaturkreise zu überführen. Davon ist nichts zu halten, kann man doch anhand der mittelalterlichen Romane nach verfolgen, dass Symbole nicht nur quasi aus dem Ärmel in einen christlichen Kosmos geschüttelt wurden, sondern fest in diesem verankert sind. Ginge man von heidnischen Hintergründen aus, würde das heißen, zum Beispiel der blutenden Lanze jegliche Verbindung zur Longinus-Lanze abzusprechen und ein äußerlich christliches Symbol innerlich dem Heidentum zuzuordnen. Das halte ich für einen Widersinn. Wir haben gesehen, dass der Gral als solches und alle Vorstellungen, die damit verknüpft sind, christlich sind.

Dem entsprechend können wir schlussfolgern, dass auch die Ursprünge eines vermutlich vorhandenen Gralskultes im Mittelalter starke christliche Wurzeln haben. Doch was ist der Gral nach der mittelalterlichen Literatur? Das ist schwer zu sagen und wird bloß von einem Autor zureichend beantwortet: Nur bei Robert de Boron erhält der Gral eine fassbare Form, die Bezug nimmt auf etwas (in der Bibel) Vorhandenes, nämlich den Kelch des Letzten Abendmahles. Bei Chrétien ist es nur etwas wie eine Schale, bei Wolfram ganz frei bleibend ein Stein. Das ist ein nur wenig befriedigende Ergebnis und führt womöglich so manchen Leser und Gralsfreund beziehungsweise Gralssuchenden nicht zum angestrebten Erkenntnis-Ziel. Doch ich bin der Überzeugung, dass es ganz egal ist, was der Gral ist oder wie er aussieht. Der Gral der mittelalterlichen Literatur, die ich an dieser Stelle zur Basis unseres gesamten Wissens erheben will, strahlt aus der Idee heraus, die er transportiert – nicht aus seiner äußerlichen Erscheinung oder irgendwelchen Eigenschaften heraus. Die Idee einer christlichen Reliquie, die im Mittelpunkt einer ethisch und moralisch einwandfreien christlichen Gemeinschaft steht, das ist der Kern des gesamten Gralsgedanken. Am eindrucksvollsten zeigt sich das bei Chrétien, wo der Gral wie in der Eucharistie als Ciborium verehrt wird und keinerlei Zaubereigenschaften besitzt oder dem Besitzer (also der Gemeinschaft) Vorteile gleich welcher Natur liefert. Die göttliche Kraft des Grals als Gemeinschaft und auch Frieden stiftendes Element steht im Vordergrund und nur wer im demütigen Gottvertrauen lebt, kann den Gral überhaupt als existent wahr nehmen. Für den, der keine Bindung zu Gott hat, ist der Gral wertlos, für alle anderen stellt er einen Bezugspunkt in einer familiären christlichen Gemeinde dar und ist etwas wie ein ‚Sprachrohr', durch das Gott entweder – wie bei Robert de Boron – Botschaften und Anweisungen sendet oder – wie bei Chrétien/Wolfram – durch eine heilige Hostie den alten/siechen Gralskönig am Leben hält, bis er durch Mildtätigkeit erlöst und durch einen neuen König ersetzt wird. Insofern können wir als Ergebnis festhalten: Dem Heiligen Gral, wie wir ihn in drei einflussreichen Romanen des kontinentaleuropäischen Mittelalters erfahren, liegt die Vorstellung einer christlichen, streng gottesfürchtigen und demütigen Gemeinschaft zu Grunde, die durch den Gral Gott und Zusammenhalt erfahren. Es ist kein Instrument, Völker zu unterwerfen oder materielle Vorteile zu erlangen; es ist sogar im Grunde überhaupt kein Instrument, sondern ein materialisiertes christliches Symbol und Zentrum einer sich von der gesellschaftlichen Realität abkoppelnden und sich dem himmlischen Königreich und Gott hinwendenden Gemeinde.

III. Die Geschichte der Tempelritter mit einem Seitenblick auf die Kreuzzüge bis zum Fall Outremers

Der Teil dieser Arbeit, in dem die ‚Geschichte' des Grals und seine Verbindung zum Orden der Tempelritter anhand verschiedener Theorien dargestellt werden soll, beginnt mit einem Seitenblick oder Exkurs. Ein Seitenblick deshalb, weil das dort Gesagte nicht zwangsläufig vonnöten wäre, um das Thema des Buches – nämlich eine literarisierte ‚Gralsjagd' von der Antike bis ins 21. Jahrhundert – angemessen bearbeiten oder den Inhalt grundsätzlich verständlich machen zu können. Exkurs aber auch deshalb, weil der Inhalt des folgenden Abschnittes trotz seiner nicht unmittelbaren Zugehörigkeit zum Komplex einen Beitrag zu dieser Untersuchung leistet, indem er auf einen wesentlichen Bestandteil des oben genannten Hauptteils des Kapitels vorbereitet, dorthin hinüberleitet und die historischen/geistesgeschichtlichen Grundlagen für eine umfassendere Sicht und Verständnis auf die noch zu folgenden Dinge schafft. Er informiert einführend in einen Bereich, und das kann – in etwas saloppen Worten – sicherlich nicht schaden; zudem wäre es bedauerlich und ein Ärgernis, wenn Leser den Buchdeckel schließen würden mit dem Gefühl, stellenweise allein zurückgelassen worden zu sein.
Die folgenden Seiten des Exkurses sollen sich, wie oben bereits gesagt, einführend mit dem Orden der Tempelritter beschäftigen, jener geheimnisvollen Organisation, die zu den mächtigsten Gruppierungen des ‚Mittelalters' (im Sinne des 11. bis 13. Jahrhunderts) zählte und die durch die Geheimnisse, die sie umgeben (oder neutraler formuliert: die sie zu umgeben scheinen) seit Jahrhunderten die Phantasie von Künstlern, ‚Laien' (und auch Forschern) zu Spekulationen und Verschwörungstheorien animieren – und dazu gehört auch, dass den Templern Verbindungen zum Gral nachgesagt und sie bisweilen als Gralshüter (in welchem Sinne, das sei fürs Erste dahin gestellt) bezeichnet werden. Doch das ist nur ein Teil des Exkurses: Befasst man sich mit den *Pauperes commilitiones Christi templique Salomonici Hierosalemitanis*, so die offizielle lateinische Bezeichnung für die *Arme Ritterschaft Christi vom salomonischen Tempel zu Jerusalem*, wie sich die Templer (auch Tempelherren) selbst nannten, so stößt man zwangsläufig auf die mittelalterlichen Kriege zwi-

schen christlichen Mittel- und Südeuropäern und muslimischen Arabern, die sich über mehrere Jahrhunderte erstreckten und die man landläufig als Kreuzzüge im Heiligen Land bezeichnet. Ohne die Kreuzzüge hätte es vermutlich keinen Templerorden gegeben, denn erst das christliche Bestreben, das Heilige Land zu erobern, bildete die sozio-kulturelle und geschichtliche Grundlage für die Gründung. In einer anderen Zeit bzw. an einem anderen Ort wäre die Voraussetzung für einen streng christlichen Ritterorden, der sich ganz religiös-klerikalen Zielen verschrieb, vermutlich nicht in dem Maße gegeben gewesen, wie wir es im mittelalterlichen Palästina vorfinden. Der Seitenblick wird sich mit der Geschichte der Templer von der Gründung bis zum Fall sowie mit den Kreuzzügen von den Anfängen bis zum Fall des christliches Reiches in Nordafrika befassen. Es kann bei diesem Abschnitt indes nicht darum gehen, eine detaillierte Geschichte der Kreuzzüge und des Ordens der Templer vorzulegen; dafür liegt zu beiden Gebieten so manche hervorragende und umfangreiche Studien arrivierter Fachleute vor, die zu studieren eine mehr als lehrreiche Wonne sein kann.[74]

Der Erste Kreuzzug

Im Jahre 1095 predigte Papst Urban II. auf dem Konzil von Clermont die Befreiung Jerusalems, die Heilige Stadt der Christenheit mit dem Grab und der Todesstätte Jesu Christi, und des gesamten Heiligen Landes, also das mittelalterliche Palästina, was heute Israel, die palästinensischen Autonomiegebiete und Teile Jordaniens sind, aus der Hand der muslimischen ‚Ungläubigen' zu befreien.[75] Knapp 90 Jahre zuvor, 1009, hatten Anhänger des Kalifen al-Hakim die Grabeskirche, die sich an der Stelle des tatsächlichen Grabes Jesu befinden soll, zerstört. Unter dem päpstlichen Leitspruch *Deus lo vult* („Gott will es!") und mit dem Versprechen ausgestattet, wer das Kreuz nehme, erlange vollständigen Ablass aller Sünden und können das ewige Paradies erwarten, brach im Frühjahr 1096 eine unorganisierte Horde von Menschen in Richtung Palästina auf. In erster Linie bestand dieses Kreuzfahrer‚heer' aus einfachen Bauern, zum Teil sogar aus deren Familien, weshalb der Kreuzzug auch Volkskreuzzug genannt wird.[76] Die undisziplinierte Truppe wurde bereits in Kleinasien (grob gesagt: dem heutigen Anatolien) vollständig vernichtet, ohne auch nur einen Fuß ins Heilige Land gesetzt zu haben. Dem Laien-Debakel folgte schnell die Professionalisierung:

Im gleichen Jahr kam ein Kreuzfahrerheer bestehend aus Franzosen, Normannen, Flamen und Lothringern zusammen. Die Größe des Heeres wird von Fachleuten auf die für die damalige Zeit beeindruckende Zahl von 50.000 bis 60.000 Mann geschätzt. An der Fahrt nahmen auch rund 7000 Ritter und adlige Herren teil. Angeführt wurde der Kreuzzug von Robert von der Normandie, Bohemund von Tarent, Raimund IV. von Toulouse, Robert von Flandern, Balduin von Boulogne und seinem älteren Bruder Gottfried von Bouillon; von jenem Letztgenannten wird späterhin noch zu reden sein.

Ziel des Ersten Kreuzzuges[77] war Jerusalem; dafür mussten die Kreuzfahrer von ihrem Treffpunkt Konstantinopel im byzantinischen Reich[78] aus durch Kleinasien ziehen, wo relativ schnell die ersten Kämpfe gegen die muslimischen Einheimischen begannen. Im Frühsommer des Jahres 1097 nahm das christliche Heer die Stadt Nicäa in der heutigen Türkei ein: Dabei fügten sie den Seldschuken, einer Fürstendynastie turkmenischer Abstammung unter der Führung von Sultan Kiliç Arslan I. schwere Verluste zu und machten über 60 Prozent seiner Streitmacht kampfunfähig. Die Kreuzfahrer verloren bei der Belagerung und Einnahme der Stadt ungefähr ein Viertel ihrer Truppen. Nach der Schlacht von Doryläon, in der die Hauptarmee Arslans I. geschlagenen werden konnte, stand der Weg durch Kleinasien für die Kreuzträger aus dem christlichen Europa quasi offen.[79] Doch die Christen brauchten keine Feinde, Hunger oder Krankheiten, um geschwächt zu werden; das taten sie schon selber. In Kilikien, der geographischen Pforte zum Heiligen Land, bekamen die Führer des Heeres miteinander Streit, woraufhin Balduin von Boulogne mit seinen fränkischen Gefolgsleuten die Kreuzfahrer verlies. Im Handstreich nahm der damals 39-jährige Adlige 1097 die Stadt Edessa und gründete daraufhin mit der Grafschaft Edessa den ersten der Kreuzfahrerstaaten.[80] 50 Jahre konnten die Eroberer die Stadt halten, 1147 wurde Edessa[81] dann von den Seldschuken überrannt und geplündert. Balduin selbst blieb nur bis zum Jahre 1100 Graf von Edessa; in jenem Jahr folgte er seinem Bruder Gottfried auf der Herrschersitz des Königreichs Jerusalem nach, über das er bis zu seinem Tod 1118 gebot. Nach der Eroberung Nicäas wandten sich die übrigen Kreuzritter Antiochia zu, der letzten bedeutenden Stadt auf dem Weg nach Jerusalem. Nach einer langen und verlustreichen Belagerung konnte die Stadt Anfang 1099 letztendlich eingenommen werden. Bohemund von Tarent rief sich zum Fürsten von Antiochia[82] aus, beendete seine Teilnahme am Kreuzzug und befasste sich mit dem Machtausbau

des zweiten Staates, der durch einen Europäer während des ersten Kreuzzuges entstanden ist.
Es sollen im Folgenden weder die Geschehnisse auf dem Weg der Kreuzfahrer in die Heilige Stadt noch die vielwöchige und verlustreiche Schlacht um Jerusalem – die auf christlicher Seite vor allem durch Wasser- und Nahrungsmittelmangel, auftretenden Seuchen und einer starken Demoralisierung vieler Soldaten geprägt war – ausgedehnt verhandelt werden. Nur eines sei zu erwähnen, weil es nicht verschwiegen werden darf: Nach der Einnahme der Stadt richteten die Christen ein furchtbares Massaker unter den in Jerusalem verbliebenen Juden und Moslems an, das vor allem die muslimische Welt lange nicht vergessen hat.[83] Steven Runciman beschreibt die schrecklichen Szenen folgendermaßen:
„Die Kreuzfahrer, nach so viel Leiden und Entbehrungen völlig von Sinnen über einen so großen Sieg, rasten wie Besessene durch Straßen, Häuser und Moscheen und machten jedermann nieder, der ihnen in den Weg kam, Männer, Frauen und Kinder ohne Unterschied. Das Massenmorden währte den ganzen Nachmittag und die ganze folgende Nacht hindurch. [...] Als Raimund von Aguilers sich später an jenem Morgen zum Tempelviertel begab, mußte er sich seinen Weg durch Leichen und Blutströme suchen, die ihm bis zu den Knien reichten. Die Juden Jerusalems hatten sich geschlossen in ihre Hauptsynagoge geflüchtet. [...] Das Gebäude wurde in Brand gesteckt; in seinem Innern fanden sie alle den Feuertod. [...] Niemand vermag zu sagen, wie viele Opfer es forderte; aber es entleerte Jerusalem von all seinen mohammedanischen und jüdischen Einwohnern.“[84]
In der Folge wurde Gottfried von Bouillon[85] Regent der Heiligen Stadt und des Königreichs Jerusalem[86]: Die Königswürde und eine Krone lehnte der Adlige ab – in der Stadt, in der Jesus Christus die Dornenkrone getragen hat, durfte nach damals geltender geistlicher und moralischer Doktrin niemand eine weltliche Königskrone tragen. Stattdessen nahm Gottfried den Titel *Advocatus sancti sepulchri* (Verteidiger des Heiligen Grabes) an. Unter seiner Führung besiegte das christliche Heer 1100 schließlich noch bei der Schlacht von Askalon ein großes Heer der ägyptischen Fatimiden; damit ging der erste Kreuzzug für die Christen erfolgreich zu Ende. Der Verteidiger des Heiligen Grabes sollte nicht mehr viele Triumphe erleben: Gottfried starb noch im Sommer des gleichen Jahres an den Folgen einer Verwundung durch einen Pfeil, die er sich in einer Schlacht mit den Muslimen zugezogen hatte.

Eine kurze Geschichte der Kreuzzüge

Bevor wir uns den Tempelrittern zuwenden, möchte ich einen Überblick über den weiteren Verlauf der Kreuzzüge nach der Einnahme Jerusalems während des Ersten Kreuzzuges bis 1291 liefern. Diesen Abriss mag studieren, wer möchte; er ist nicht als Pflicht für das Verständnis des Buches zu sehen. Wie man weiß, sind unter dem Begriff der Kreuzzüge viele verschiedene Kriegszüge gegen Andersgläubige zu verstehen; dementsprechend werden auch die Kämpfe im Baltikum und die Vernichtung der südfranzösischen Katharer als Kreuzzüge bezeichnet. Wir indes bleiben im Heiligen Land, in dem der Krieg nach der Errichtung der Kreuzfahrerstaaten natürlich noch nicht vorbei war: Insgesamt wurden in Outremer sieben Kreuzzüge[87] unternommen, von denen alle unterschiedlich motiviert gewesen sind. Über den Ersten Kreuzzug wurde überblicksartig berichtet, nun ist es an der Zeit, kurz auf die noch ausstehenden einzugehen. Der Zweite Kreuzzug fand zwischen 1147 und 1149 statt; in dieser kurzen Zeit erlebten die Christen viele schwere Niederlagen und brachen den Kreuzzug ohne Aussicht auf Erfolg ab. Die Ursache für den Zweiten Kreuzzug ist im Verlust der Grafschaft Edessa – die, wie wir wissen, von Balduin von Boulogne während des Ersten Kreuzzugs als erster der Kreuzfahrerstaaten gegründet worden ist – zu suchen: 1144 wurde die Grafschaft Edessa von Imad ad-Din Zengi, dem Statthalter von Aleppo im heutigen Syrien erobert, alle Franken, so die Bezeichnung der Kreuzfahrer im Sprachgebrauch der Muslimen, wurden von den siegreichen Truppen des Emirs Zengi erschlagen. Zengis Sohn ließ die Stadt wenige Jahre später beinahe vollständig zerstören. Durch diesen Sieg der Muslime und dem Abschlachten zahlreicher christlicher Kämpfer gerieten auch die übrigen Kreuzfahrerstaaten in schwere Bedrängnis (die zudem durch eigene Händel und Kämpfe geschwächt waren). In Europa ließen diese Ereignisse die Kirchenoberen zu dem Schluss kommen, dass ein weiterer Kreuzzug unausweichlich war; angestachelt von Bernhard von Clairvaux rief Papst Eugen III. Ende 1145 den Zweiten Kreuzzug aus. Als militärische Führer konnte der heilige Bernhard den französischen König Ludwig VII. und sein deutsches Pendant Konrad III. gewinnen. Doch bereits in Kleinasien – also vor dem Eintritt ins Heilige Land – erlebten die französischen und deutschen Heere ein Fiasko, in Kämpfen mit den türkischen Seldschuken wurden viele Kämpfer getötet. Mit dezimierten Heeren, die als Entsatz für die bedrängten Christen des Heiligen Landes kaum taugten, „machten sie den Fehler, Damaskus anzugreifen, das immer mit den Kreuzfahrern sympathisierte und von *Nur Ad Din* [sic], Zengis Sohn und Nachfolger, nichts wissen wollte“[88]: Bereits nach wenigen Tagen musste sie ihre Belagerung wegen Wassermangels abbrechen – und erlebten einen doppelten Misserfolg. Denn nicht nur konnten die Kreuzfahrer keinen militärischen Sieg erringen, sie brachten auch noch die Bewohner von Damaskus dazu, sich mit ihrem Feind Nur-ad-Din gegen die Christen zu verbünden. Auch der Plan Konrads, Askalon zu erobern, scheiterte, weil ihm nach der Peinlichkeit von Damaskus keine regionalen Verbündeten zur Hilfe kommen wollten. Während er 1148 nach Konstantinopel reiste, kehrte Ludwig, der nach Damaskus in Jerusalem bei König Balduin III. geblieben war, nach Frankreich zurück, wo er von Bernhard von Clairvaux für sein Versagen mit Häme und Spott überzogen wurde. Im Folgenden ist es an der Zeit, auf die Gestalt des Saladin (voller arabischer Name: Salah ad-Din Yusuf bin Ayyub) einzugehen; dieser Saladin, ein kurdischer Sultan, ist in der arabischen und christlichen Welt ein Mythos und gilt Muslimen als größter historischer Held und bedeutendster und vorbildhafter islamischer Herrscher. Saladin (1137/1138 bis 1193, Gründer der Ayyubiden-Dynastie von Syrien und Ägypten)[89] war der größte Gegenspieler der Christen in der zweiten Hälfte des 12. Jahrhunderts, sein größter Erfolg ist die Einnahme Jerusalems nach der Schlacht von Hattin am 4. Juli 1187. Der Schlacht von Hattin zwischen Akkon und dem See Genezareth gingen Überfälle auf Karawanen und Verbrechen gegen arabische Reisende und Kaufleute durch Rainald von Chatillon, des Herrn einer Festung im Tal des Flusses Jordan, voraus. In Verträgen zwischen den Kreuzfahrer-Herrschern und Saladin wurde zuvor festgelegt, dass Karawanen zwischen den christlichen Besitzungen und den muslimischen Ländern problemlos verkehren konnten; durch die Übergriffe Rainalds wurden diese Absprachen gebrochen. Saladin forderte daraufhin von Guy de Lusignon, dem König von Jerusalem dieser Jahre, die Auslieferung Rainalds und umfangreiche Wiedergutmachungen. Guy de Lusignon lehnte dies ab, und Saladin zog eine Armee von über 20.000 Mann Stärke zusammen. Bei der Schlacht von Hattin wurde das christliche Heer durch die Inkompetenz des Königs von Jerusalem und interne Machtspiele seiner Berater beinahe vollständig vernichtet; die überlebenden Kämpfer wurde, sofern Ordensritter, getötet oder in die Sklaverei verkauft. Am 2. Oktober konnte Saladin schließlich die heilige Stadt Jerusalem, die zuvor 88 Jahre lang von Christen beherrscht wurde, relativ mühelos einnehmen, da sie, der meisten militärischen Besatzung beraubt, kaum verteidigungsbereit und -fähig war. Bei der Einnahme der Stadt kam es, im Gegensatz zum Sturm durch die Christen, nicht zu Gewaltexzessen gegen die, aus der Perspektive der Muslime, andersgläubigen Bewohner. Viele wurde zwar in die Sklaverei verkauft, aber ein Gutteil der Christen Jerusalems konnte sich durch die Zahlung eines Lösegelds befreien. Diese Geschehnisse bildeten die Grundlage für den Dritten Kreuzzug von 1189 bis 1192, bei dem zwei große Persönlichkeiten der Geschichte mitwirkten: König Richard I. von England („Löwenherz") und König Friedrich I. von Deutschland („Barbarossa"). Der Dritte Kreuzzug darf indes nicht als eine große, zusammenhängende Heerfahrt unter der Führung einer Gruppe von Adligen – wie etwa gute 90 Jahre zuvor der Erste Kreuzzug – gesehen werden: Eher ist er eine Art Oberbegriff, der unter der Zielvorgabe, die Heilige Stadt Jerusalem von Sultan Saladin zurück zu erobern, zwei beziehungsweise drei individuelle Kreuzzüge von voneinander unabhängigen Herrschern subsumiert. Zudem weist er die Besonderheit auf, dass erstmalig in der Geschichte der Kreuzzüge sich die tatsächlich regierenden Fürsten bedeutender Reiche an den Kämpfen im Heiligen Land beteiligten. Beginnen wir unseren Überblick über den Dritten Kreuzzug mit der Heerfahrt Friedrich I. Barbarossas, dem Kaiser des Heiligen Römischen Reiches (Bezeichnung für den Herrschaftsbereich der durch den Papst gekrönten Herrscher des damaligen deutsches Reiches; während seiner größten Ausdehnung umspannte das Heilige Römische Reich das Gebiet des heutigen Mittel- und weite Teile Südeuropas). Barbarossa nahm am Dritten Kreuzzug persönlich teil, begleitet wurde er von mehreren Vertretern des deutschen Hochadels. Seine Armee umfasste insgesamt rund 100.000 Mann, unter anderem Deutsche, Österreicher und Ungarn; das war das (vermutlich) größte Heereskontingent, das jemals im Gefolge *eines* Fürsten nach Outremer aufgebrochen ist. Jedoch sollte das Heer, dass seine Qualitäten im Kampf bereits in größeren Schlachten gegen die Seldschuken in Kleinasien unter Beweis gestellt hatte, nicht an den Kriegsschauplätzen des Heiligen Landes ankommen. Am 10. Juni 1191 ertrank Kaiser Friedrich I. Barbarossa im Fluss Saleph (heute: Göksu) in der (heutigen) Süd-Türkei; demoralisiert ob dieses Ereignisses, kehrte ein wesentlicher Teil des Heeres nach Europa zurück. Die wenigen Krieger, die im Orient blieben, schlossen sich Barbarossas Sohn Friedrich V. von Schwaben an, der zuerst Richtung Jerusalem marschierte, sich aber vor den Toren Akkons mit den christlichen Heeren aus England (Richard I.) und Frankreich (Philipp II.) vereinigte (dazu unten mehr). Akkon in Galiläa war zwischen 1189 und 1191 Schauplatz des wichtigsten Ereignisses des Dritten Kreuzzuges: der Belagerung von Akkon. Bevor wir zu den Ereignissen dieser Belagerung kommen können, müssen wir uns kurz mit den beiden anderen Protagonisten des Dritten Kreuzzugs, Richard I. von England und Philipp II. von Frankreich, beschäftigen. Beide brachen nach Ende des Winters 1190 von Messina auf Sizilien nach Palästina auf, das Philipp II. ohne größere Zwischenfälle erreichte. Richard I. hingegen strandete infolge eines Sturms auf Rhodos, während ein anderer Teil seiner Streitmacht sowie seine Familie auf Zypern an Land gingen und vom dortigen Herrscher Komnenos gefangen genommen wurde. Daraufhin nahm Löwenherz weite Teile der Insel ein und erzwang nach einer Belagerung die Übergabe der Hauptstadt. Später sollte Zypern zu einem Kreuzfahrerstaat werden. Im palästinensischen Tyros, das von Konrad von Montferrat gehalten wurde, traf Richard mit der französischen Armee zusammen; als Ziel loteten die Kreuzritter das oben erwähnte Akkon aus, das bereits seit 1189 von Guy de Lusignon, dem letzten König von Jerusalem und Verantwortlichen für die Katastrophe von Hattin, belagert wurde. Bis zum Eintreffen der französischen und englischen Truppen war kein Erfolg für die christlichen Belagerer in Sicht: Auch mithilfe des deutschen Kontingents unter der Führung Friedrich V. von Schwaben konnte der zähe Widerstand der Verteidiger von Akkon nicht gebrochen werden. Durch die frischen Truppen kam Bewegung in die Lage – zugunsten der Christen. Zudem wurde durch englische und französische Schiffe eine Seebelagerung eingerichtet. Am 12. Juli 1191 wurde die Stadt letztendlich, nachdem Seuchen ausgebrochen sind und die Wasserversorgung von den Angreifern abgegraben worden war, von Saladin an die Belagerer übergeben. Wie zuvor bei der Einnahme Jerusalems durch den Sultan für die Christen, wurde auch nach der Eroberung Akkons ein Lösegeld zur Freilassung der muslimischen Bewohner ausgehandelt. Im gleichen Jahr wurde Akkon zur neuen Hauptstadt des zusammengeschmolzenen Königreichs Jerusalem, nach dem Tode Guy de Lusignon herrschte Konrad von Monteferrat als König des Kreuzfahrerstaates. Richard Löwenherz nahm in den nächsten Monaten noch einen Streifen zwischen den Küstenstädten Tyros und Jaffa bis nach Askalon ein und schloss im September 1192 ein Abkommen mit Saladin, welches die Eroberungen an der Küste als christliche Besitzungen bestätigte. Zudem einigten sie sich auf einen dreijährigen Waffenstillstand. Jerusalem konnte Richard nicht mehr einnehmen; dies wurde vor allem durch erhebliche Spannungen innerhalb der Truppe verhindert, die sich nach der Rückkehr Philipps II. nach Frankreich aus Franzosen und Engländern unter der Führung von Löwenherz zusammensetzte. Zudem erwarteten Richard I. dringliche Geschäfte in seiner Heimat. Damit wurde das primäre Ziel des Dritten Kreuzzugs, die Heilige Stadt Jerusalem aus den Händen der Muslime zu befreien, nicht erreicht – die Existenz eines christlichen Reiches in Outremer konnte jedoch, fürs Erste, gesichert werden. Zehn Jahre später, zwischen 1202 und 1204, fand unter hauptsächlicher Beteiligung französischer Ritter und der Republik Venedig der Vierte Kreuzzug statt. Ziel, so predigte Papst Innozenz III. und mit ihm der Kreuzzugsfanatiker Fulko von Neuilly, sollte wieder einmal Jerusalem sein. Vor allem im Norden Frankreichs folgten viele kleinere Machthaber, wie bereits beim Ersten Kreuzzug, dem Aufruf des Papstes, allen voran die Adligen Theobald von der Champagne und Balduin von Flandern und Hennegau. Die Republik Venedig erklärte sich bereit, den Transport der Truppen zu übernehmen. Wie gesagt, offizielles Ziel des Vierten Kreuzzug war die Heilige Stadt Jerusalem, doch im Geheimen planten die Kreuzfahrer etwas anderes: Sie wollten Ägypten einnehmen, das ihren Gegnern seit langer Zeit als Rückzugs- und ‚Erholungs'gebiet diente. Die Kreuzfahrer glaubten, dass die Muslime das Heilige Land ohne ihren ‚sicheren Hafen' Ägypten nicht werden halten können. Jedoch: Resultat des Vierten Kreuzzugs war letztendlich die Plünderung Konstantinopels und das Ende des griechisch-christlichen Reiches von Byzanz, aus dem die römisch-christlichen Kreuzfahrer das Lateinische Kaiserreich (erster König: Balduin I.) machten. Ins Heilige Land setzte während der Heerfahrt zwischen 1202 und 1204 kein europäischer Ritter auch nur einen Fuß. Zum Ende Byzanz als Folge des Vierten Kreuzzugs kam es durch eine Intrige des byzantinischen Prinzen Alexios Angelos. Dieser wollte in Konstantinopel die Macht an sich reißen, die sein Vater Isaac II. bei einem Umsturz an seinen Bruder Alexios III. verloren hatte. Dazu bat Alexios Angelos die Kreuzfahrer um Beistand, für ihre Hilfe im Kampf gegen Alexios III. versprach er ihnen die ungeheure Summe von 200.000 Silbermark und 10.000 Mann als Unterstützung für den Kriegszug in Palästina. Die Kreuzfahrer eroberten – trotz eines strikten päpstlichen Verbotes unter Androhung der Exkommunizierung – die Stadt, Alexios III. floh nach Thrakien; doch auf die Erfüllung der ihnen gemachten Versprechen warteten die Kreuzfahrer vergebens. Zum einen besaßen Alexios Angelos und sein Vater nicht die Mittel für die Bezahlung, zum anderen wurden beide binnen kürzester Zeit getötet, und ein neuer Machthaber bestieg den Thron. Dieser wollte von den Lateinern nichts wissen und ließ sie aus der Stadt werfen. Daraufhin griffen die Kreuzfahrer die Stadt an und plünderten sie mehrere Tage lang, viele Bewohner wurde misshandelt oder schlichtweg getötet. Damit endete der Vierte Kreuzzug: Christen schlachteten Christen ab und plünderten die womöglich prächtigste Metropole der damaligen christlichen Welt. Ein begriffliches Problem besteht bei den Kreuzzügen ins Heilige Land nach dem Ende des „Kreuzzugs gegen die Christen", wie Runciman das unsägliche Fiasko bezeichnet, das – als Vierter Kreuzzug nach Palästina konzipiert und kommuniziert – den Fall Konstantinopels in die Hände der Lateiner mit sich führte. Nun ist sich die Forschungsgemeinschaft nicht einig, ob der Kreuzzug von 1217 bis 1221 als Fünfter und der darauffolgende Zug des Staufers Friedrich II. (Kaiser des Heiligen Römischen Reiches) als Sechster Kreuzzug gewertet werden sollen oder beide unter dem Oberbergriff „Fünfter Kreuzzug" zu führen sind. Ich halte mich an letzteres; deshalb werden die beiden Orient-Heerfahrten unter der gängigen Unterscheidung „Kreuzzug von Damiette" (erster Teil) und „Kreuzzug Friedrichs II." (zweiter Teil) geführt. Innozenz III. versuchte, den Erfolg des Ersten Kreuzzuges zu wiederholen: Er ließ durch Prozessionen und Predigten gezielt die einfache Bevölkerung und niedere Adlige ansprechen und wollte vermeiden, Könige zum Kreuzzug aufzurufen – denn mit mächtigen Königen an der Spitze fand weder der Zweite noch der Dritte Kreuzzug zu einem guten Ende, während der Erste, wie wir wissen, die Eroberung der Heiligen Stadt Jerusalem brachte. Am 1. Juni 1217 brach ein Kreuzfahrerheer in Richtung Palästina auf; geführt wurde es, gegen den Wunsch des unterdessen verstorbenen Papstes Innozenz III., von einem König, Andreas II. von Ungarn. Ihm zur Seite stand Herzog Leopold VI. von Österreich. In Akkon, seit dem Dritten Kreuzzug Hauptstadt des Königreichs Jerusalem, schlossen sich die neu eingetroffenen mit den Truppen der Regenten der Kreuzfahrerstaaten von Jerusalem, Antiochia und Tripolis (Bohemund IV.) sowie Zypern (Hugo I.) zusammen. Das Oberkommando wurde Johann von Brienne, König von Jerusalem, übertragen. Das Heer marschierte gegen Jerusalem, doch die Kreuzfahrer nahmen die Heilige Stadt nicht ein: Die Muslime hatten alle Verteidigungsanlagen der Stadt niedergerissen, um den Christen nach einer möglichen Einnahme die langfristige Verteidigung Jerusalems unmöglich zu machen. Zudem ließen sich die muslimischen Truppen nicht auf offene Schlachten mit den militärisch überlegenen Lateinern ein, so dass die Christen nicht einmal die Gelegenheit geboten bekamen, einen (großen) Sieg einzufahren. Das Resultat: 1218 kehrten außer Johann von Brienne und Leopold VI. alle Heerführer mit ihren Soldaten in ihre Heimat zurück. Einige Zeit später traf Graf Wilhelm I. von Holland mit Kriegern aus den Niederlanden, Flamen und Friesland im Heiligen Land ein, Oliver von Köln brachte ein deutsches Kontingent mit nach Akkon. Gemeinsam beschlossen die hohen Herren, Ägypten anzugreifen. Erste Station der Kreuzfahrer war die Hafenstadt Damiette, ein strategisch wichtiger Ort: Damiette besaß eine vorgelagerte Befestigung, von wo aus man mit einer schweren Kette den einzigen befahrbaren Nil-Arm versperren konnte. Die Einnahme der Befestigung gelang im August 1218, und wenige Tage später starb der Ayyubiden-Sultan Al-Adil I., der mit seinem Volk (aus dem auch Sultan Saladin stammte) Ägypten und Syrien beherrschte. Der neue Sultan al-Kamil hatte nach dem Tod seines Vaters und der Erlangung der Macht erhebliche „Startschwierigkeiten" – und bot den Kreuzfahrern deshalb die Rückgabe der Heiligen Stadt Jerusalem und alle Gebiete des alten Königreichs Jerusalem (außer Kerak und Montreal), die Aushändigung des Wahren Kreuzes (nach damaliger Auffassung das Kreuz, an dem Jesus Christus den Opfertod gestorben ist; von Saladin bei Hattin erobert), die Finanzierung neuer Verteidigungsmauern für die Heilige Stadt und die Freilassung aller Kriegsgefangenen im Ayyubiden-Reich! Damit hätten die Kreuzfahrer auf einen Schlag mehr erreicht als in allen Kriegszügen seit dem Fall Jerusalems nach dem Desaster bei den Hörnern von Hattin 1187. Doch das Angebot wurde abgelehnt: Kardinal Pelagius von Albano, der als päpstlicher Legat die Führung des Kreuzzugs für sich beanspruchte, verbot jede Verhandlung mit den Muslimen. So vergaben die Christen die Möglichkeit, aus der gegnerischen Schwäche Kapital zu schlagen und einen großen Erfolg im Heiligen Land zu erringen. Stattdessen brach Streit zwischen den Heerführern und dem Kardinal aus: Wem sollte die neu eroberten beziehungsweise noch zu erobernden Besitzungen gehören, dem Papst oder dem König von Jerusalem? Die Truppen wären ob dieser Streitigkeiten wie gelähmt, erst Ende 1219 konnte Damiette dann tatsächlich eingenommen werden. Dabei richteten die Christen zum wiederholten Male nach der Eroberung einer Stadt ein schreckliches Massaker unter den muslimischen Einwohnern an. An den Kreuzzug von Damiette schließt sich der Kreuzzug des römisch-deutschen Kaisers Friedrich II. an und bringt diesen Fünften Kreuzzug zum Abschluss. Das Besondere an dem Zug Kaiser Friedrichs II. ins Heilige Land war, dass er gänzlich unblutig ablief. Doch erst zur Vorgeschichte: Bereits 1225 hatte sich der Kaiser bei Papst Honorius III. dazu verpflichtet, einen Kreuzzug zu unternehmen, hatte jedoch seinen Aufbruch immer wieder verschieben müssen. 1227 konnte ein angekündigter Kreuzzug Friedrichs II. wieder nicht starten – ein Seuchenausbruch verhinderte den Marsch. Infolge dieser weiteren Verzögerung wurde der Kaiser von Honorius' Nachfolger Gregor IX. gebannt. Das hinderte Friedrich II. jedoch nicht, 1228 dann schließlich doch mit einer Streitmacht gen Jerusalem aufzubrechen. Im Heiligen Land trat der römisch-deutsche Kaiser – zum Erstaunen der muslimischen Einwohner und Herrscher und im Gegensatz zu allen Kreuzfahrer-Heerführern vor ihm – sehr gesittet und mit einigem orientalischen Pomp auf. Sein Habitus brachte ihm Erfolg: Wenige Monate nach seinem Eintreffen im Heiligen Land hatte Friedrich II. mit dem Ayyubiden-Sultan al-Kamil einen Kompromiss ausgehandelt: Die Christen erhielten die Städte Bethlehem, Nazaret, Lydda, Sidon und Toron zurück, sowie Jerusalem mit Ausnahme der al-Aqsa-Moschee und des Felsendoms, in dem es ihnen aber erlaubt wurde, Andachten zu halten. Dieser Kompromiss wird in der Geschichtsschreibung als Friede von Jaffa bezeichnet. Der Vertrag hielt indes nur so lange, wie Sultan al-Kamil am Leben war; seine Nachfolger waren nicht daran interessiert, einen dauerhaften Frieden mit den Kreuzfahrern zu schließen und sie in ihren Ländern zu dulden. Bereits 1244 eroberten die Ayyubiden beispielsweise Jerusalem von den Lateinern zurück. Der Sechste Kreuzzug (1248 bis 1250) diente, wiewohl die aktuelle Lage durch die Rückeroberung der Heiligen Stadt durch die Ayyubiden sicherlich Anlass dazu gegeben hätte, nicht der Einnahme wichtiger Stätten in Palästina – sondern der Entlastung der durch Angriffe der Muslime immer ärger in Bedrängnis geratenden Kreuzfahrerstaaten; um diese Entlastung zu erreichen, planten die Kreuzfahrer, Ägypten anzugreifen. Ludwig IX. von Frankreich führte den Kreuzzug an - und ins Desaster. Der als Ludwig der Heilige bekannte Monarch kommandierte zwar zu dieser Zeit die größte Armee und regierte das größte Königreich Europas; seine Leistungen als Feldheer jedoch waren schlichtweg miserabel. Zuerst aber gelang ihm ein Erfolg: Er nahm am 5. Juni 1249 die ägyptische Stadt Damiette (bekannt aus dem Kreuzzug von Damiette) ein; kampflos indes, weil die Verteidiger der Stadt von Grund auf versagten. In Damiette richteten sich der französische König und sein Heer nun ihren Stützpunkt ein – und von dort aus führte Ludwig seine Kreuzfahrer in die Niederlage. Denn der König machte zwei schwerwiegende taktische Fehler: Zum einen begann er nicht mit einer Belagerung der schwach verteidigten – aber nichtsdestotrotz wichtigen! - Stadt Alexandria, zum zweiten verzichtete er darauf, die angeschlagene und demoralisierte ayyubidische Armee zu verfolgen und womöglich zu verzichten.

Erst sechs Monate später, im November, setzte Ludwig seine Truppen in Bewegung, um Kairo im Landesinneren anzugreifen, wo Sultan as-Salih seine Truppen unterdessen jedoch neu sammeln konnte. Das Kreuzfahrerheer hatte auf dem Weg nach Kairo mit schwierigem Gelände und Krankheiten zu kämpfen, bewahrte aber die Moral und belagerte die Stadt al-Mansura. An den Mauern Kairos indes rannten die Kreuzfahrer vergeblich an: Die Mamlukengarden des Sultanats stellte sich den Lateinern entgegen und schlug sie in die Flucht. In Folge des Rückzugs gaben die Kreuzfahrer auch die Belagerung von al-Mansura auf, mussten sich ihren Gegner jedoch vor den Toren der Stadt zur Schlacht stellen. Militärisch gingen die Kreuzfahrer zwar als Sieger aus der Schlacht von al-Mansura hervor – jedoch wurde König Ludwig IX. von den Muslimen gefangen genommen und erst später gegen ein hohes Lösegeld und die Rückgabe der Stadt Damiette freigelassen. 1254 kehrte Ludwig IX., nachdem er sich im Königreich Jerusalem noch um politische Dinge gekümmert hatte, nach Frankreich zurück. Trotz des Fiaskos des Sechsten Kreuzzuges wurde Ludwig der Heilige der Kriegszüge nach Nordafrika nicht müde. Schon 1270 hob er eine neue Armee aus und führte sie gegen die muslimischen Feinde zu Felde. Der französische König war davon überzeugt, dass er, um den Muslimen nachhaltig Schaden zufügen zu können, deren Kernland Ägypten erobern musste. Dem entsprechend muss auch dieser von Ludwig IX. angeführte Heerzug als Entlastungs-Kreuzzug gelten, der in erster Linie nur auf Schwächung der Feinde, nicht die Rückeroberung des Heiligen Landes abzielte. Und Entlastung konnten die Christen des Heiligen Landes bitter benötigen – denn ab 1250 hatte sich nicht nur die innenpolitische Großwetterlage im Heiligen Land verändert, sondern auch die Position der Kreuzfahrer-Reiche radikal verschlechtert. Genau in der Mitte des 13. Jahrhunderts hatte das Volk der Mamluken, ursprünglich türkische Militärsklaven, im eigentlich ayyubidischen Ägypten die Herrschaft an sich gerissen. Ab 1260 regierte Baibars I. als Mamluken-Sultan – und griff, nachdem er die Mongolen besiegt hatte, sogleich gezielt die Kreuzfahrerstaaten an. Nach und nach fielen die meisten Kreuzfahrerfestungen in die Hände Baibars I., der die Städte schleifen und die Bewohner entweder töten ließ oder als Sklaven verkaufte. 1268 eroberte Baibars endgültig die Grafschaft Antiochia und bedrohte nun die Grafschaft Tripolis. Der von Ludwig IX. geführte Kreuzzug antwortet nun genau auf dieses Ereignis und sollte verhindern, dass die Kreuzfahrerstaaten gänzlich vernichtet werden. Gemeinsam mit dem französischen König zog der englische Kronprinz

Eduard gegen Baibars I. ins Feld, während Hugo III. von Zypern in Akkon landete, um die Verteidigung der Reste des Königreichs Jerusalem zu organisieren. Ludwig der Fromme schiffte sich in Cagliari ein und landete mit seinem Heer im Juli an der nordafrikanischen Küste; schnell nahmen die Lateiner Karthago ein und begannen dann, Tunis zu belagern, wozu der Bruder des Königs Karl von Anjou geraten hatte. Bei dieser Belagerung erkrankte ein großer Teil des Heeres an schlechtem Trinkwasser – und der König Ludwig IX. starb am 25. August 1270. Das Oberkommando über das Heer übernahm Karl von Anjou, da Ludwigs Sohn Philipp III. noch zu jung für die Herrschaft über Reich und Armee war. Karl von Anjou kann sich denn auch rühmen, aus dem siebten Kreuzzug als – zumindest partieller – Sieger hervorzugehen: Karl handelte mit dem Kalifen von Tunis Muhammad I. al-Munstansir ein Abkommen aus, das den Christen Handelsfreiheit gewährte und Priestern und Mönchen Aufenthaltsrecht in Tunis gewährte. Nach dem Erfolg von Tunis wandten sich Karl von Anjou und Kronprinz Eduard, um dort den zypriotischen König Hugo III. im Kampf gegen Baibars I. zu unterstützen. Hugo III. hatte bereits die Mongolen als Verbündeten gewinnen können, was jedoch nur kurzfristig zum Erfolg führte: Nach anfänglichen Siegen startete Baibars im November 1271 einen Gegenangriff aus seinem Heimatland Ägypten heraus und eroberte verlorene Gebiete zurück. Der Kreuzzug wurde schließlich durch einen Vertrag zwischen Eduard von England, der nach dem Tode seines Vaters zum König des Inselreiches gekrönt werden sollte, und Baibars beendet; ein zehnjähriger Waffenstillstand wurde beschlossen. Der siebte Kreuzzug, von Ludwig dem Frommen begonnen und von Kronprinz Eduard beendet, war der letzte christliche Kriegszug ins Heilige Land während des Bestehens der Kreuzfahrerstaaten: 1291 wurde Akkon von den Muslimen eingenommen, die letzten Kreuzfahrer aus dem Heiligen Land, das sie seit 1099 zu beherrschen suchten, vertrieben.

Die Armen Ritter Christi

Die ersten beiden Jahrzehnte nach der Eroberung der Heiligen Stadt, dem Abschluss des ersten Kreuzzuges und der Gründung der vier großen Kreuzfahrerstaaten, der letzte sollte die Grafschaft Tripolis[90] 1109 durch Raimund IV. von Toulouse sein, verliefen – im Vergleich zu den vorangegangen Ereignissen – relativ ruhig und kamen weitestgehend ohne größere kriegerische

Auseinandersetzungen zwischen den Kreuzfahrern und Muslimen aus. Jerusalem entwickelte sich schnell zum Anziehungspunkt für viele christliche Pilger, die an den heiligen Stätten beten wollten. Zwar stand der Seeweg offen, und auch die Landung an der Küste Palästinas war mehr oder weniger sicher, doch der Weg ins Landesinnere barg viele Gefahren: Die Scharen von Pilgern boten – vor allem in der bergigen Region zwischen Jaffa und der Heiligen Stadt – gute und einfache Beute für Räuber und Banditen, denn die Gläubigen waren meistens friedlich und in den allermeisten Fällen unbewaffnet unterwegs. Schutz für die Pilgerrouten zwischen dem Meer und Jerusalem bestand so gut wie gar nicht; die wenigen überlebenden militärischen Mitglieder des ersten Kreuzfahrerheeres hatten sich größtenteils wieder in ihre europäische Heimat begeben, waren mit der Bemannung der Heiligen Stadt und Gefechten mit muslimischen Truppen beschäftigt, nur wenige ‚frische' Kämpfer kamen dagegen als Ausgleich ins Heilige Land. Eine wirkliche Aufstockung an christlichen Soldaten war erst wieder mit dem Zweiten Kreuzzug von 1147 zu verzeichnen, dem der Fall des Kreuzfahrerstaates Edessa vorausging. Die immer wiederkehrenden Überfälle und Angriffe auf die christlichen Zivilisten läuteten letztendlich vordergründig die Gründung des Templerordens ein.

Es war aller Wahrscheinlichkeit nach der französische Adlige Hugo von Payens, der zusammen mit acht Landsleuten als Gründer des Ordens gelten darf. An der Seite des ‚Hauptinitiators' Hugo waren vermutlich Gottfried von Saint-Ome, Andreas von Montbart, Payen von Montdidier, Gottfried Bisol, Archibald von Saint Armand, Gundomar, Gottfried und Roland. Ziel der *Pauperes commilitiones* oder *Paupere Militie Christi* („Arme Ritter Christi"), wie sich der Orden zu Beginn seiner Geschichte nannte, war es, für den Schutz der christlichen Reisenden, der ja bislang fehlte, zu sorgen und die Wege der Pilger nach Jerusalem zu sichern. Ganz im Sinne ihrer klassisch-strengen religiös-kirchlichen Gesinnung legten die Gründer der Tempelritter außerdem vor dem Patriarchen von Jerusalem ein Gelübde ab, dass sie an traditionell christlichen Tugenden wie Armut, Keuschheit und Gehorsam band. Das genaue Gründungsdatum des Ordens ist nicht bekannt, und überhaupt liegen die Ereignisse während der ersten Ordensjahre weitestgehend im Dunkeln, da der erste Geschichtsschreiber Wilhelm von Tyrus, der über die Templer berichtete, erst einige Jahrzehnte später sein Werk begann. Man kann davon ausgehen, dass sich die Tempelritter irgendwann im Laufe des Jahres 1120 konstituiert haben.[91] Das Motto des Ordens war *Non nobis Domine, non nobis, sed nomine tuo da gloriam* („Nicht uns, Herr, nicht uns, sondern Deinem Namen gib Ehre“). Doch weshalb eigentlich die geläufige Bezeichnung Templer, warum der Bezug zum salomonischen Tempel in Jerusalem im Namen des Ordens? Die Antwort ist simpel, aber einleuchtend: Balduin II., seit dem Tode von Gottfried von Bouillons Bruder Balduin von Boulogne (Balduin I.) König von Jerusalem, überließ den Templern als Zeichen seiner Unterstützung „eine Wohnstatt in seinem Palast, der al-Aqsa-Moschee, die auf den Grundmauern von Salomos Tempel erbaut worden war. Der neue Orden übernahm von ihm seinen Namen.“[92]

Die ersten Jahre der neuen Ordensgemeinschaft verliefen weitestgehend ereignislos; zu kämpfen hatten die Ritter vom salomonischen Tempel nur mit einer äußerst geringen Mitgliederzahl.[93] Einen leichten Aufschwung erlebten die Templer erst 1125 mit dem Beitritt des Grafen Hugo von der Champagne, einem engen Vertrauten und Verbündeten des bekannten Klerikers Bernhard von Clairvaux, ein weiterer berühmter Neu-Templer jener Jahre war zudem Fulko von Anjou. Zu eben diesem Bernhard möchte ich hier und jetzt nicht viele Worte verlieren; er soll später an exponierter Stelle und in einem etwas anderen Kontext als den Start-Schwierigkeiten des Ordens eingehender behandelt werden. Zwei Jahre nach dem Eintritt des Grafen Hugos schienen sich die Mitgliederzahlen im Ordenshaus in der Heiligen Stadt wohl einigermaßen stabilisiert zu haben; immerhin wurde das Hauptquartier in der al-Aqsa-Moschee ausgebaut, was mit nur einer Hand voll Ritter und deren Knappen kaum zu bewerkstelligen gewesen wäre. Auf eine höhere Zahl an Mitgliedern weist auch der Geschichtsschreiber Michael der Syrer in einer Chronik hin.[94] Außerdem war Hugo von Payens zu dieser Zeit in Begleitung fünf weiterer Ritter, allesamt im Übrigen Gründungsmitglieder, nach Europa gegangen, um dort für die Templer die ‚Werbetrommel zu rühren'. Ab dem Jahr 1127 sind zudem zahlreiche Schenkungen von Ländereien in ganz Mitteleuropa zu verzeichnen (und damit auch finanzieller Gewinn[95]), und mit dem Konzil von Troyes 1129 begann eine Wandlung des Ordens: Regeln wie in jeder offiziellen geistigen Bruderschaft wurden schriftlich fixiert und von führenden Kirchenvertretern ‚abgesegnet', und zahlreiche Beitritte vergrößerten die Reihen der *Pauperes commilitiones* nicht nur nominell, sondern brachten auch durch Spenden von vermögenden Neumitgliedern viel Geld in die Kassen der Ritter.[96]

An all dem war der heilige Bernhard von Clairvaux, Abt des Zisterzienserklosters zu Clairvaux, bedeutender Mystiker und feuriger Prediger des Zweiten Kreuzzugs (er zeichnete weitestgehend für die Mobilisierung zum zweiten Kreuzzug 1147-1149 nach dem Verlust der Grafschaft Edessa verantwortlich, der nach vielen Niederlagen der christlichen Truppen aber letztendlich ergebnislos abgebrochen wurde verantwortlich) nicht unbeteiligt.[97] Bernhard fungierte auf dem großen Konzil von Troyes also als eifriger und vor allem feuriger Fürsprecher des gerade einmal zehn Jahre alten Ordens, der in so neuer Art und Weise die Kombination von Mönch und Krieger kultiviert hatte. Bernhard von Clairvaux nannte die Templer deshalb ganz richtig ‚bewaffnete Mönche' und liebte den Orden und ihr Anliegen sehr.[98] Doch allein bei dieser Art der Unterstützung zur letzten offiziellen Legitimierung und Konstituierung der *Pauperes commilitiones* sollte es nicht bleiben; auch Bernhards geistige und geistliche Ideen wurden bei den Rittern vom Salomonischen Tempel aufgegriffen[99]: Die Ordensregeln sind stark zisterziensisch – also in einem gewissen Sinne ‚bernhardisch' – geprägt. Damit kommt dem heiligen Abt eine doppelte Rolle bei der endgültigen Konstituierung der Armen Ritterschaft zu; einmal als Helfer beim Eintritt in die offizielle klerikale Welt, und einmal als spiritus rector der bindenden Regeln der Gemeinschaft.[100]

Ab 1130, also im ‚Jahr eins' nach dem erfolgreich verlaufenen Konzil von Troyes, konnten die Templer zahlreiche neue Beitritte und dem entsprechend auch ein gestiegenes Spendenaufkommen verzeichnen, welches ihre Einkünfte schnell vermehrte. Neben den sich stetig vergrößernden Besitzungen des Ordens im Okzident (Europa) – den so genannten Komtureien – besaßen die Templer auch einige Niederlassungen im Heiligen Land; diese waren aber, im Gegensatz zu denen in Europa, weniger aus wirtschaftlichen Erwägungen heraus entstanden, es waren reine Militärbasen. Zu dieser Zeit begannen die Ordensbrüder auch, sich neben dem Kriegshandwerk auf ein anderes Geschäft zu fokussieren: eine frühe Form des Bankwesens.[101] Die Ritter konzentrierten sich auf die Aufbewahrung von Schätzen sowie auf den verzinsten Verleih von Geld. Dieser, obwohl eigentlich verboten, wurde von den Autoritäten stillschweigend geduldet. Schon für 1135 sind erste Verleihgeschäfte verbürgt, und bis zum Ende des 12. Jahrhunderts konnten die Templer ihr Geschäft immer weiter ausbauen. Fürsten standen auf ihren Schuldlisten, selbst Moslems liehen sich bei den als militante Christen verschrienen und verhassten Templern Geld. Das machte den Orden unermesslich reich.[102] Noch immer gelten die Templer wegen dieser innovativen Geschäftsidee als ‚erste Bank Europas'. Auf dem Höhepunkt seiner Macht hatte der Orden 15000 Mitglieder (Krieger, Kleriker und Arbeiter), die insgesamt 9000 Komtureien und die dazu gehörigen Besitzungen verwalteten. So viel zu den Zahlen.

Es muss notiert werden, dass vor dem endgültigen Reichwerden neben dem Konzil noch eine weitere kirchenpolitische Entscheidung von enormer Tragweite stand. Im März 1139 bestätigte auch der Heilige Vater in Rom, Papst Innozenz II., den Orden mit der Bulle „Omnem Datum Optimum“. In dieser Bulle wurde der Orden vom Papst nicht nur offiziell als Mitglied der klerikalen Gemeinschaft anerkannt, sondern auch – und das ist das Wichtige – direkt unter seine Protektion gestellt; dadurch besaßen die Templer quasi alle Rechte und waren nur dem Papst Rechenschaft schuldig. Damit waren sie für weltliche und weitestgehend auch alle geistlichen Autoritäten unantastbar und konnten nach ihrem eigenen Gutdünken schalten und walten. Zusätzlich zu diesem Geschenk, das sie de facto über Könige und Kaiser setzte, bekamen die Templer das Recht zugesprochen, eigene Steuern zu erheben. Darüber hinaus, als weitere Guttat des Papstes, waren sie dem jeweiligen Landesherren nicht mehr steuer- und abgabenpflichtig, durften unabhängig von den sonst geltenden klerikalen Regeln ihre Toten selbst bestatten und hatten die Legitimation, ihre eigenen Gotteshäuser zu bauen, ohne sich mit Bischöfen oder Kardinälen deswegen auseinandersetzen zu müssen. Man darf sich berechtigterweise nun fragen, warum der Papst den Templern – die ja nun, bis auf ihren gezeigten guten Willen, die Pilger des Heiligen Landes zu schützen, noch (also 1139) nicht wirklich Bedeutendes für die Christenheit geleistet hatten – all diese Boni gewährte; bei der Beantwortung kommt ein Problem auf: es ist nicht eindeutig zu klären! Es gibt einige Spekulationen darüber, was Innozenz II. und Päpste nach ihm angehalten haben könnte, die Templer dergestalt zu bevorzugen und sie jeglicher Kontrolle Dritter zu entheben; doch Spekulationen gehören nicht hierher, denn an dieser Stelle schreiben wir die Geschichte des Ordens, wie wir sie aus den Quellen der Zeit erschließen können. Auf Gedankenspiele, Ableitungen und Schlussfolgerungen werden wir beizeiten zurückkommen.

Das, was in den vorigen Abschnitten beschrieben, gilt weitestgehend für die gesamte 'Laufzeit' des Ordens von der Gründung bis zum Untergang: Schutz der Pilger im Heiligen Land; Kampf gegen die Moslems im Heiligen Land; Machtausbau in Mitteleuropa; und Gelderwerb. Deshalb ist es an dieser Stelle nicht mehr notwendig, en detail die Geschichte der Templer, die bis zum Fall des letzten Kreuzfahrerstaates 1291 in Palästina blieben, weiterzuzeichnen – nur das Ende des Ordens wird wieder interessant, ist es doch nicht nur kulturhistorisch einfach interessant, sondern wirft auch Fragen auf, die danach im Rahmen des 'Spekulationsabschnittes' behandelt werden sollen beziehungsweise schlichtweg sogar behandelt werden müssen. Wie die Gründung des Ordens verlief auch sein Ende keine 200 Jahre später schrittweise und hatte mehrere Gründe beziehungsweise Motivationen von verschiedenen Seiten. Zum einen wandelte sich im Laufe der Jahrhunderte seit ungefähr 1100 die politische Kultur im christlichen Europa. Vormalig war man zuvorderst Christ und Gott allein Rechenschaft schuldig, erst danach dem König; das änderte sich, und irgendwann kehrte sich dieses Verhältnis zugunsten des Königs als weltlichen Machthaber um. Zudem standen die Landesherren dem päpstlichen Orden, der ja nicht ihrer Herrschaft unterstand, immer misstrauischer gegenüber: Einmal, weil Templer innerhalb eines 'königlichen' Reichsgebietes Macht und Reichtum erwerben konnten, ohne dass der König daran partizipierte; und einmal, weil die Templer ein großes stehendes Heer zur Verfügung hatten, mit dem sie jedem europäischen König militärisch hätten gefährlich werden können. Dieser politische Aspekt ist zeitlich nicht direkt mit dem Ende des Ordens in Verbindung zu bringen, sondern zeichnet eine allgemeine historische Veränderung und Entwicklung nach, die nicht nur für den Orden, sondern für die gesamte politische Landschaft Mitteleuropas von Relevanz war. Ein weiterer, konkreterer Grund war, dass, nach dem Zusammenbruch der Kreuzfahrerstaaten im Heiligen Land Ende des 13. Jahrhunderts, einige klerikale Gelehrte den damaligen König von Frankreich Philipp IV. (auch Philipp der Schöne genannt) dazu rieten, einen neuen Kreuzzug zu starten, um die ehemaligen Kreuzritter-Besitztümer wieder unter christliche Herrschaft zu bringen. Doch Phillip hatte Schulden – auch bei den Templern –, und diese Schulden, so dachte sich der französische König, könne er sich mit der Zerschlagung des Ordens 'vom Hals schaffen' und sich gleichzeitig noch die übrigen Besitztümer der Pauperes einverleiben. Zu diesem Vorgehen, also die Templer zu vernichten und deren Reichtümer zu übernehmen, rieten auch die Gelehrten; doch befanden sie, dass die Beute vollständig für den neuen Kriegszug eingesetzt werden müsse. Philipp jedoch wollte sich persönlich bereichern und hatte an einem Kreuzzug nicht das geringste Interesse, deshalb konnte er nicht offen vorgehen, also die Templer einfach Kraft autoritärer Willkür und aus niederen Beweggründen vernichten.

Die Zerschlagung des Ordens

Nun unterstanden die Templer, wie wir gesehen haben, offiziell dem Papst, und nur er hatte das Recht, in welcher Form auch immer über den Orden zu verfügen. Der Papst zu Beginn des 14. Jahrhunderts war Clemens V. Dieser Clemens, eigentlich Bertrand de Got, stammte aus einem alten französischen Adelsgeschlecht und war, bevor er den Heiligen Stuhl übernahm, Erzbischof von Bordeaux; zu dieser Zeit begründete er auch die Freundschaft mit dem eben genannten König Phillip von Frankreich. Clemens V. folgte Bonifatius VIII., den Phillip hatte entführen lassen und der in der Haft umkam, als Papst nach; seine Wahl hatte er aber dem französischen König zu verdanken, dessen leicht manipulierbare Marionette er nach der Wahl blieb. Durch den Umzug der gesamten päpstlichen Legislatur und Administration von Rom nach Avignon konnte Phillip Clemens noch leichter kontrollieren und zu seinen Gunsten beeinflussen. Auf Drängen Philipps hin ließ Clemens alle Templer in Frankreich am 13. Oktober 1307 verhaften; dieser 13. Oktober war ein Freitag, und daher kommt der böse Aberglaube an „Freitag, den 13.". Beschlossen wurde diese Massenverhaftung aber nicht wirklich vom Papst, der sie nur legitimierte: Einen Monat vorher besprachen der französische König Philipp und sein Rat, wie gegen die Templer zum Wohle des Königs vorgegangen werden müsse. Sie beschlossen das, was der Papst anschließend gutheißen musste

Mit der Autorisierung des Papstes als Sicherheit, stützte sich Philipp in seinem Haftbefehl auf Gerüchte und Verleumdungen, die ihn angeblich erreicht hätten und auf die er reagieren musste. In dem Schreiben, das alle Vasallen und Beamten des Königs in Frankreich erhalten hatten, ist von einem dringlichen Verdacht der schweren Häresie[103], also der Gotteslästerung, die Rede. Außerdem waren von Seiten des Königs einige schwerwiegende Anklagepunkte gegen die Ordensbrüder formuliert, die sich weitestgehend auf die Aufnahmezeremonie beziehen: Angeblich müssten die Templer bei ihrer Profess dreimal Jesus Christus verleugnet, ebenfalls dreimal auf das heilige Kruzifix spucken und dem Tempelvorsteher einen dreifachen Kuss auf Gesäß, Nabel und Mund geben. Damit einher sei laut der Anklageschrift ein Bekenntnis zur Homosexualität, die damals Sodomie genannt wurde, gegangen. Überdies hätten sie Gott verleugnet und Dämonen, vor allem ein Geschöpf namens Baphomet, angebetet.[104] Die Vorwürfe, die ja allesamt auf den dringenden Tatverdacht der schweren Häresie und Infamie (ehrloses Handeln gegenüber Gott und Kirche) herausliefen, genügten, um ein kanonisches Verfahren gegen die Beklagten zu eröffnen und sie zu exkommunizieren. Bei einem kanonischen Verfahren übernimmt die Kirche die gesamte Gerichtsbarkeit und Rechtsprechung; automatisch war darin dann auch die Heilige Inquisition involviert, was in einer Vielzahl der Fälle schwere Folter bedeutete (es wurde meistens gefoltert, um 'Geständnisse' in Form von häretischen Aussagen zu erzwingen) und meist in einem Todesurteil endete, durch das der Angeklagte dem 'reinigenden' Feuer übergeben wurde.

Diese Jagd auf die Templer gilt im Grunde exklusiv für die französischen Kronlande, obwohl eine päpstliche Bulle 1308 dafür Sorge tragen sollte, dass den Templern in ganz Europa der Prozess gemacht wird; auch versuchte König Philipp, Druck auf die übrigen regierenden Monarchen auszuüben, dass diese den Templern nach seinem Vorbild grausigen Prozess machten. Das gelang ihm nur sehr eingeschränkt, seinem ‚Wunsch' leistete kein Herrscher Folge: In Italien und auf der Iberischen Halbinsel wurde ein großes Konzil einberufen mit dem Ziel, die Unschuld der Gotteskrieger festzustellen; in Schottland standen sie, glaubt man den Legenden, sogar unter offiziellem Schutz, ihnen geschah nichts; in Deutschland weigerte sich der König Albrecht I., Philipps Aufforderung Folge zu leisten, da er an den Templern nichts Unrechtes erkennen konnte; in Irland wurden alle Anklagepunkte fallen gelassen, trotzdem blieben die Templer bis zur endgültigen Auflösung des Ordens durch den Papst dort in Haft; in England wurden die Templer milde behandelt und zu Bußaufenthalten in Klöstern verurteilt. In Portugal passierte sogar folgendes: Dort wurden die Templer von den Herrschenden geschützt, nach ihrem offiziellen Ende wurde schnell ein neuer geistlicher Ritterorden gegründet, der die Arbeit der Templer mehr oder weniger fortsetzte. Der Orden, der sich wenige Jahre (genauer: nach der offiziellen Auflösung der Templer, so geschehen am 22. März 1312 durch die Bulle *Vox in excelso* von Papst Clemens V.) konstituierte, nannte sich der Christusorden (Orden der Christusritter, auf portugiesisch *Ordem de Cavalaria de Nosso Senhor Jesus Cristo*, auf lateinisch *Militia Domini Nostri Iesu Christi*). Initiiert wurde er auf Drängen des portugiesischen Königs Dionysius durch seine beiden Vertrauten Johannes Laurentii de Monteseratio, einem Ritter, sowie Petrus Petri, einem Theologen aus Coimbra. Im Frühjahr des Jahres 1319 – also im 200. Jahr der Gründung der Templer – stimmte der Papst Johannes XXII. der Gründung des neuen Ordens in der Bulle in der Bulle *Ad ea ex quibus cultus* zu; ständiger Ordenssitz wurde die königliche Burg Castro Marim. Die Chris-

tusritter übernahmen zwar nicht die Ordensregeln der Templer, sondern hatten sich, so der Wille des Papstes, an den Leitsätzen des Ordens von Calatrava (der erste der großen spanischen Ritterorden, gegründet 1158 von Abt Raimundo Serrat) zu halten. Dafür jedoch wurden dem Christusorden Templer-Güter in ganz Portugal vermacht, und der neue Orden begann später, alte Templer-Niederlassungen zu nutzen; sogar ihr Hauptquartier verlegten die Christusritter in den von Tempelrittern gegründeten Konvent von Tomar.
Im Ganzen dauerten die Templerprozesse sieben Jahre, denn erst 1314 wurde Jaques de Molay, der letzte Großmeister des Ordens, hingerichtet.[105] Kurz vor seinem Tod verfluchte er noch König und Papst und prophezeite, dass beide innerhalb eines Jahres sterben würden; tatsächlich lebte weder Philipp noch Clemens länger das vorausgesagte Jahr. Damit hatte Philipp im Endeffekt nichts mehr von seiner Kampagne gegen die Ritter, da die Besitzungen erst nach dem endgültigen Abschluss der Prozesse 1314 langsam annektiert und verteilt wurden; sein Ziel, durch die Ritter reich zu werden und seine Macht erheblich zu erweitern, hat er durch seinen raschen Tod also nicht erreichen können. Dennoch: Der Orden blieb aufgelöst, sein Hauptsitz in Paris verwaist und seines letzten Großmeisters beraubt – die *Pauperes commilitiones Christi templique Salomonici Hierosalemitanis* waren durch die Initiative des französischen Königs Philipp des Schönen, man kann es nur so ausdrücken, verleumdet, geschändet und vernichtet worden.

Die Rehabilitation des Ordens

Der 25. Oktober 2007 war ein großer Tag für all diejenigen, die die Prozesse gegen die Templer und die Behandlung durch den Vatikan schon immer für großes Unrecht und den Orden in hohem Gedenken hielten: Die Armen Ritter Christi wurde offiziell von der Heiligen Katholischen Kirche rehabilitiert, ihre Ehre damit nach fast 700 Jahre wiederhergestellt. An jenem 25. Oktober wurde nach vielen Jahrhunderten des Schweigens vom Vatikan *endlich* ein historisches Dokument vorgestellt, dass alle damaligen Vorwürfe gegen die Templer ad absurdum führt und jegliche Verurteilungen im Nachhinein entkräftet. Ich zitiere einige Statements Walter Brandmüllers, des Präsidenten des Päpstlichen Komitees für Geschichtswissenschaften, auf Basis einer Pressemitteilung von „Radio Vatikan“[106]: Papst Clemens V. habe nach Abschluß des Prozesses in einer Bulle von 1312 bestätigt, so Brandmüller, dass der Templer-Orden „keineswegs der Häresie verfallen war". „Deswegen wurde der Orden weder verurteilt noch aufgehoben, sondern nur suspendiert – vielleicht in Erwartung besserer Zeiten." Letztlich sei der Untergang der Templer der „Erfolg der infamen Kampagne, mit der es Philipp dem Schönen gelungen war, den Orden in allgemeinen Verruf zu bringen". Das soll uns genügen, um festhalten zu können, dass der Orden der Templer kein Haufen von Ketzern war, sondern ein gottes- und vatikanfürchtiger Ritterorden, der der christlichen Sache diente. Es ist ein Glück, dass der Vatikan diesen Schritt gegangen ist – nicht nur, um die Sache der Templer und ihr Andenken zu würdigen, sondern auch, um die Kirche als solches von diesem dunklen Punkt der Geschichte zu befreien.

IV. Der Heilige Gral und der große Schwindel

Wir haben auf den letzten Seiten viel über den Orden der Tempelritter und ihr Wirken erfahren. Jetzt ist es an der Zeit, die Templer mit dem Gral in Verbindung zu setzen, denn nur diesem Zweck diente der vorangestellte lange Exkurs. Verschiedene Autoren haben einen Zusammenhang zwischen den Templern und den Geheimnissen rund um den Heiligen Gral gesucht und in unterschiedlichen und voneinander unabhängigen Studien herausgearbeitet – so weit das möglich ist. Wir müssen uns fragen, wie diese Verbindung überhaupt zustande gekommen sein kann, denn uns ist (natürlich) weder von den Templern noch ihren Zeitzeugen etwas überliefert, das auf eine solche Verbindung hinweisen könnte. Doch es gibt zwei Sachverhalte, die den Zusammenhang zwar sicherlich nicht direkt bestätigen, jedoch sich durchaus als brauchbare Aufhänger beziehungsweise Ausgangspunkte für tiefer gehendes Nachdenken in diese Richtung anbieten. Es scheint, als sei der Dichter Wolfram von Eschenbach[107], dessen herausragendes Werk *Parzival* wir bereits kennen gelernt haben, nicht ganz unbeteiligt an der Spekulation ist, dass die Tempelritter etwas mit dem Gral zu tun haben. Erinnern wir uns: Die Wächter der Gralsburg und des siechen Königs und damit auch des Grals werden von Wolfram als „templeise" bezeichnet, was ja so viel wie „Tempelherr" bedeutet und damit in engem Zusammenhang mit den Tempelrittern steht. Überhaupt bemüht sich Wolfram überhaupt nicht, eine Distanz zwischen seinen „templeisen" und den Tempelrittern – die sich zur Entstehungszeit des *Parzival* gerade daran machten, ihre militärische Macht um finanzielle Macht durch Geldanleihen zu verstärken – herzustellen. Beschauen wir nun im Einzelnen die Elemente beider Parteien, die sich wesentlich ähneln:

– Wolfram sagt, die „templeise" seien eine „bruoderschaft", also eine Bruderschaft. In der offiziellen lateinischen Bezeichnung des Templerordens *Pauperes commilitiones Christi templique Sonici Hierosalemitanis* steckt der Singular „commilito", der mit „Waffenbruder" oder auch „Glaubensbruder" übersetzt werden kann. Insofern kann man ohne weiteres bei den Templern von einer Bruderschaft sprechen, ohne zu interpretierend in die ursprüngliche Bedeutung einzugreifen

– Wolfram lobt die Kampfkraft seiner „templeise", indem er von der „Kraft ihrer kampferprobten Arme" spricht; die Ritter können die Gralsgemeinschaft auf der Burg Munsalvaesche vor jeder Bedrohung schützen, andere Hilfe ist nicht nötig. Diese Aussagen entsprechen größtenteils denen über die Templer: Sie sollen ungeheuer gute und tapfere Kämpfer gewesen sein, die die Schlachtfelder des Heiligen Landes dominierten und in vielen Gefechten für die Entscheidung zugunsten der Lateiner gesorgt haben sollen.

– Die „templeise" haben keusch und enthaltsam zu sein, so lange sie dem Gral dienen; Frauenliebe ist ihnen damit strikt untersagt, denn sie verträgt sich nicht mit ihrem hohen Auftrag, den himmlischen Stein zu hüten. Zudem gelten sie als Inbegriff der Ritter, die die rein weltliche Stufe überschritten haben und ihren Kriegs- und Waffendienst auf Gott ausrichten. Diese Entwicklungsebene der Neuen Ritterschaft erreicht ja auch Parzival durch die Belehrung in der Einsamkeit der Einsiedlerklause, und nur dadurch kann er letztendlich zum Gralskönig und Herrscher und über den Stein und das ganze Geschlecht aufsteigen. Vergegenwärtigen wir uns, welches geistige/geistliche Konzept ursprünglich – also zur Zeit der Gründung durch Hugo von Payens und die übrigen acht französischen Ritter – hinter dem Orden der Armen Ritterschaft Christi stand, erkennen wir leicht, dass Wolfram sich bei der Darstellung der geistigen/geistlichen Ebene des „templeise"-Ritterwesens am Ordensverständnis der Tempelritter orientiert hat: Die Templer gelten ja als Begründer der Synthese von Mönch und Krieger, sie führten als erste die eigentlich unvereinbaren Lebensweisen der fast als Heilige geltenden, weltabgewandten Mönche mit dem blutrünstigen und raubeinigen Dasein hauptberuflicher Soldaten (= Ritter) zusammen. Die Ritter, die ungefähr seit dem elften Jahrhundert als eine echte „Plage"[108] ihrer Zeit verstanden wurden, richten ihren Dienst wie die Mönche auf Gott aus und setzen ihre kriegerischen Fähigkeiten nicht mehr dazu ein, zu rauben, zu brandschatzen und sinnlos zu morden, sondern streben einem höheren Ziel zu, indem sie moralisch einwandfrei im Rahmen ihrer Möglichkeiten einen gottgefälligen Dienst versehen. Faktisch lebten sie kraft ihrer rigiden Ordensregel wie Mönche: Sie hielten sich streng an das klassische Konzept von *ora et labora*, also „Bete und arbeite", verpflichteten sich zu Armut, Gehorsam und Keuschheit und lebten wie in einem Kloster mit ihren Brüdern zusammen; ihren Waffendienst versahen sie nach einem strengen ritterlichen Kodex, Ehre im Kampf und gleichzeitige Demut vor Gott galten ihnen als wesentliche Gebote. Man muss sich nun darüber im Klaren sein, dass Wolframs „templeise" beinahe gleichartig strukturiert sind. Das Konzept der Mönchsritter hat

Wolfram von Eschenbach in seinem Versroman *Parzival* erstmalig in der Literatur kultiviert.
Der zweite Grund, weshalb die Templer immer wieder mit dem Gral in Verbindung gebracht werden, ist, dass sich der gesamte Mythos, der sich um die Templer gebildet hat, aus einem Sachverhalt heraus speist: einem nie gefundenen Schatz, dem Templer-Schatz. Erinnern wir uns zurück an die Anfangsjahre des Ordens: Für den Zeitraum von neun Jahren, fast ein ganzes Jahrzehnt also, wissen wir nichts über die Aktivitäten der Templer. Sie gründen sich als Schutztruppe für Pilger im Heiligen Land – und verschwinden völlig von der Bildfläche, um dann erst wieder mit dem Konzil von Troyes 1129 aufzutreten, aber wie: Bernhard von Clairvaux wird ihr prominenter Fürsprecher, sie bekommen eine zisterziensische Ordensregel und enormen Zuwachs in personeller und finanzieller Hinsicht. Doch was haben die neun Brüder in der Zwischenzeit getan? Warum haben sie neun Jahre gewartet, ehe sie offensiv in die Öffentlichkeit treten und ihre Ressourcen ausbauen? Mit der Beantwortung dieser Frage dringen wir in den Bereich der Spekulation ein: Sie haben in der Zwischenzeit etwas anderes getan – aber was?

Ein Schatz?

Denken wir noch einmal daran, dass die Templer von König Balduin von Jerusalem als Wohnstatt einen Teil der den Muslimen heiligen al-Aqsa-Moschee zur Verfügung gestellt bekommen hatten. Die Moschee stand (und steht natürlich immer noch) auf den Grundmauern des alten Salomonischen Tempels der Israeliten. Der Salomonische Tempel war der erste feste Tempel der Glaubensgemeinde und wurde zwischen 957 und 951 vor Christus von Salomo, dem dritten Herrscher des vereinigten Königreiches Israel, mithilfe phönizischer Baumeister errichtet. Der Tempel war ein steinernes Gebäude, das an drei Seiten von jeweils dreistöckigen Nebenzimmern umgeben war, in denen die Schätze und Kultgegenstände der Gemeinde lagerten. Wie in der Antike üblich befand sich der Eingang in den Tempel im Osten, das Allerheiligste[109] lag im Westen des Gebäudes. Im Allerheiligsten wurde das wichtigste jüdische Heiligtum aufbewahrt: die Bundeslade. Laut Darstellungen in der Tora (der erste und wichtigste Hauptteil der hebräischen Bibel) enthält die Bundeslade die Steintafeln mit den Zehn Geboten, die Moses auf dem Berg Sinai von Gott erhielt. Beim Auszug Israels aus Ägypten unter Mose galt die

Bundeslade als Zeichen für Gottes Gegenwart inmitten des aus Ägypten auswandernden israelitischen Volkes und ist bis heute ein bedeutendes Symbol für den Bund Gottes mit den Israeliten. In der Bibel findet sich im mosaischen Buch *Exodus* eine detaillierte Beschreibung der Bundeslade (25, 10-20): „Verfertige eine Lade aus Akazienholz, zweieinhalb Ellen lang, eineinhalb Ellen breit und eineinhalb Ellen hoch! Überziehe sie mit reinem Gold von innen und von außen und befestige eine goldene Leiste ringsherum. Gieße für sie vier goldene Ringe und bringe sie an den vier Ecken an, und zwar zwei Ringe an ihrer einen Seitenwand und zwei an der andern! Verfertige Stangen aus Akazienholz und überziehe sie mit Gold! Stecke die Stangen durch die Ringe an den Seitenwänden der Lade, dass man sie mit ihnen tragen kann! Die Stangen sollen in den Ringen der Lade bleiben; man soll sie aus ihnen nicht herausziehen! In die Lade sollst Du das Gesetz legen, das ich dir geben werde! Verfertige sodann eine Deckplatte aus reinem Gold, zweieinhalb Ellen sei ihre Länge und eineinhalb Ellen ihre Breite! Stelle zwei Goldkerubim her; als getriebene Arbeit sollst du sie an den beiden Enden der Deckplatte anfertigen! Und zwar sollst du den einen Kerub an dem einen Ende und den andern am anderen Ende anbringen. Von der Deckplatte her mache die Kerubim über ihren beiden Enden! Die Kerubim sollen ihre Flügel nach oben hin ausbreiten, indem sie mit ihren Flügeln die Deckplatte überdachen: ihre Antlitze seien gegeneinander gekehrt; zur Deckplatte hin sollen die Gesichter der Kerubim gerichtet sein."
Zusätzlich zu dieser detaillierten Beschreibung gibt es noch zahlreiche weitere Stellen im Alten Testament, die sich auf die Bundeslade beziehen, so etwa in den mosaischen Büchern *Numeri* (17,25) und *Deuteronomium* (10,8) oder auch dem ersten *Buch der Könige* (8,20-21). Das Ende bzw. das Verschwinden der Bundeslade liegt im Dunkeln und reiht sich so in die lange Liste der Mythen und Geheimnisse der Geschichte ein. Allgemein geht man davon aus, dass die Bundeslade und ihr heiliger Inhalt, die steinernen Gesetzestafeln, vom neubabylonischen König Nebukadnezar II. zerstört wurden, nachdem dieser die Lade bei der Eroberung Jerusalems und der Plünderung und Zerstörung des Salomonischen Tempels in seinen Besitz gebracht hatte.
Doch kann man sich da so sicher sein? Wurde die Bundeslade tatsächlich von Nebukadnezar im Jahre 586 vor Christus zerstört, wie es die Geschichtswissenschaft sagt? Was ist, wenn die Bundeslade und andere unsagbar wertvolle Schätze des alten Israelitischen Tempels nur verschüttet wurden, als Nebukadbezars II. Truppen das Heiligtum der israelitischen Kult- und Glau-

bensgemeinde plünderten und zerstörten? Was, wenn die Lade für viele Jahrhunderte unentdeckt in den Ruinen lag, über die der Serubbabelische Tempel gebaut wurde? Und wurden in der Bundeslade nicht vielleicht neben den Steintafeln mit den Zehn Geboten noch andere Heiligtümer aufbewahrt? Heiligtümer, die erst später hinzugefügt wurden, aber eine ähnliche Bedeutung für die westliche Zivilisation haben wie eben die steinernen Tafeln, die Moses von Gott auf dem Berg Sinai empfing – wie etwa der Heilige Gral.

Kommen wir nun zurück zu den Templern und ihren (vermeintlichen) Aktivitäten in den neun Jahren ihrer Existenz im Schatten. Etwas muss der Orden getan haben und es steht zu vermuten, dass es etwas war, dass unbedingt geheim bleiben sollte; warum sonst hätte die Gemeinschaft in den ersten neun Jahren nicht wachsen sollen, um die dringend benötigten Ressourcen zu bekommen für die Ausführung ihrer ehrenvollen Mission: die Pilgerwege von der Küste in das Herz des Heiligen Landes, Jerusalem, zu schützen. Es ist möglich, dass die neun Ordensritter die Möglichkeiten ihres Standortes über dem alten Salomonischen Tempel genutzt haben, um die historischen Tiefen zu erkunden und sich auf die Suche nach etwaigen Geheimnissen zu machen. Es muss nicht einmal absichtlich geschehen sein, womöglich war es Zufall während einer Art Umbau oder ähnliches der Stallungen zu ihrem Hauptquartier: Aber das Gerücht hält sich hartnäckig, dass Hugo von Payens und seine acht Ritter auf einen Gang gestoßen sind, der sie in das Innere des zerfallenen Salomonischen Tempels führte – und damit höchstwahrscheinlich auch in das Allerheiligste im Westen des Tempels! Gehen wir jetzt davon aus, dass die Bundeslade nicht zerstört worden war, sondern weiterhin in den Tiefen der Ruinen schlummerte, so muss die Möglichkeit in Betracht gezogen werden, dass die Tempelritter diesen Schatz (und vermutlich auch andere Schätze) unter ihrer Heimstatt gefunden haben. Dieser Schatz bildet wohl die Grundlage für den mythischen Templerschatz, der bis heute zu Gedanken und Spekulationen über seine Beschaffenheit und seinen Verbleib anregt.

Der Templerschatz spielt besonders am Ende des Ordens eine wichtige Rolle. Wir erinnern uns: Zu Beginn des 14. Jahrhunderts plant und organisiert der französische König Philipp der Schöne Angriff und Zerschlagung des Ordens. Zum einen wollte er ihre politische und wirtschaftliche Macht brechen, die ihm in seinem eigenen Reich im Wege stand, zum anderen wollte er ihre Reichtümer, für die sie berühmt geworden sind, in seinen Besitz bringen. Neben riesigen Geldbeständen bestanden diese Reichtümer aus Schmuckstücken und anderen Pretiosen, die die Templer in ihren verschiedenen Niederlassungen, vor allem im großen Haupttempel in Paris. Doch daraus wurde nichts, der französische König bekam den Schatz des Ordens nicht in die Finger. In seinem Buch *Die Templer sind unter uns*, beschreibt der Autor Gérard de Sède die Rettung des Templerschatzes; dabei stützt er sich auf Dokumente aus den Geheimarchiven des Vatikans.[110] Dies ist natürlich fragwürdig, soll aber hier keine weitere Beachtung finden, da wir uns auf dem Boden der Spekulation befinden und Spekulationen nie ohne seltsame, bisweilen gar obskure Vorgehensweisen auskommen können. In diesen Dokumenten also finden sich laut de Sède die Aussagen von 72 Templern, die in Poitiers von Papst Clemens VI. und seinen Kardinälen persönlich befragt wurden, nachdem sie bereits mit den Folterknechten des französischen Königs das 'Vergnügen' gehabt hatten. Johann de Chalón, einer der befragten Tempelritter, habe zu Protokoll gegeben, dass er mit eigenen Augen gesehen hätte, wie am Tage vor dem Übergriff auf alle Tempel, also am 12. Oktober 1307, drei Wagen den Pariser Tempel verlassen hätten. Auf diesen Wagen sei der gesamte Schatz des Pariser Tempels verborgen gewesen; geleitet hätten diese ‚Expedition' Gerhard von Villers und Hugo von Châlons. Weiterhin gab Johann de Chalon zu Protokoll, dass er sich sicher sei, dass die Wagen Richtung Meer gefahren seien und der Inhalt der Wagen dort auf insgesamt 18 (!) Schiffe verladen worden sei. Den Folterknechten Philipps und somit auch dem französischen König habe er diese Angaben verschwiegen. Diese Schiffe hätten dann umgehend das Land verlassen.

Diese ‚Informationen' hat de Sède natürlich nicht exklusiv; sie sind mehr oder weniger allen bekannt, die sich über die offizielle Geschichte hinaus mit den Templern beschäftigen; unter anderem war der Templerschatz und sein Fortschaffen per Schiff aus Frankreich bereits Inhalt einiger TV-Produktionen. Ausgehend davon wurde (und wird noch immer) spekuliert, welchen Seeweg die Templer genommen haben könnten, um ihren Schatz (aus was dieser auch immer bestanden habe möge) in Sicherheit zu bringen. Ich möchte im Folgenden besonders ein mögliches Ziel der Schiffe mit dem Schatz darauf näher untersuchen: das portugiesische Tomar.

Tomar ist eine Kleinstadt (Einwohner: rund 19000; Stand: 2001) und liegt ungefähr 100 Kilometer nordöstlich von Lissabon. Bedeutendstes Bauwerk ist das „Convento de Cristo", das Christuskloster (das seit 1983 zum Weltkulturerbe der Unseco gehört), das den portugiesischen Templern als Hauptquartier diente und der Sitz ihres Großmeisters war. Wichtig bei ihrer Klostergründung war den Templern wohl eine Reminiszenz an den Ort ihrer

Gründung, Jerusalem. Der Grundriss der Klosterkirche orientiert sich ganz stark an dem der Grabeskirche[111] zu Jerusalem. Der „Convento de Cristo" wurde 1162 von den Templern gegründet und früh im 14. Jahrhundert dem sich gerade neu konstituierten Ordens der Christusritter zugeschlagen. Diese, wir erinnern uns, müssen ja im Grunde als Nachfolgeorden der ab 1307 zerschlagenen Tempelritter in Portugal gelten. Noch einmal: Während der Templer-Prozesse wurden die Armen Ritter in Portugal mit Samthandschuhen angepackt, ihnen geschah weitestgehend nichts. So blieb der Orden quasi unbeschädigt bestehen und konnte unter einem neuen Namen und einer neuen offiziellen Führungsriege weiter wirken. Existierte also tatsächlich ein Templerschatz und wurde er tatsächlich vor dem Überfall durch Philipps Truppen am 13. Oktober 1307 aus dem Pariser Tempel entfernt, um den französischen König nicht in die Hände zu fallen, so wäre Tomar in der Tat ein geeigneter und Platz gewesen, um den Schatz zu verbergen.
In seinem Buch *Die Tempelritter. Mythos und Wahrheit,* geht Martin Bauer auch auf Tomar ein – und beruft sich zusätzlich auf die Arbeit eines französischen Autors, Maurice Guinguand. Dieser Maurice Guinguand gibt sich mit der von mir gerade angeführten Erklärung, warum die Burg Tomar 1307 ein mögliches Ziel des Templerschatzes gewesen sein kann, nicht gänzlich zufrieden – und entwickelt einen weiteren Beweis. Laut Guinguand befanden sich unter den Tempelrittern nicht nur einige bedeutende Astronomen, auch die Architektur der Ordensgebäude sei an besonderen Stellungen der Sterne orientiert gewesen. Zudem sei den Ordensbrüdern Zahlenmystik (die im Hohen und Späten Mittelalter indes in vielen Bereichen eine wesentliche Rolle spielte!) wichtig gewesen; vor allem die Zahlen 13 und 17 tauchten laut Guinguand immer wieder auf. Warum dies alles, was möchte uns der Autor sagen? Für Guinguand liegt in den *Zahlen* und einer *sprachlichen ‚Spielerei'* der unwiederbringliche Beweis, dass Tomar der Aufenthaltsort des Templerschatzes ist: Erstes Ziel nach Paris sei die Kirche „Notre Dame de Sées" gewesen. Der Zusatz „de Sées" wird Guinguand zufolge wie „Se" ausgesprochen, was auf portugiesisch „Kathedrale" bedeutet. In Tomar gibt es eine Kathedrale, nämlich die romanische Kathedrale des Christusklosters, welche die Templer in der zweiten Hälfte des 12. Jahrhunderts erbauten. Weiter: Von Sées aus soll der Schatz von Ordensbrüdern nach Mont-Saint-Michel gebracht worden sein. Warum Mont-Saint-Michel? Weil es, wie Guinguand deduziert, genau 34 Meilen von Sées entfernt liegt; 34 ist die Summe aus 17 plus 17, also einer der heiligen Templerzahlen mal zwei. Mont-Saint-Michel

ist eine felsige Insel im Ärmelkanal an der Mündung des kleinen Flusses Couesnon; die Küste der Normandie ist etwa einen Kilometer entfernt. Die Insel ist nur rund 55000 Quadratmeter groß. Heute gehört Mont-Saint-Michel zu den touristischen Hochburgen der Region Basse-Normandie und seit 1979 dem Unesco-Weltkulturerbe an. In Mont-Saint-Michel sei nun der Schatz auf ein Schiff verladen worden, das dann einen Kurs von 34 Grad (die Himmelsrichtung nennt Guinguand nicht) eingeschlagen habe. Dieser Kurs habe Schiff, Templer und Schatz direkt ins portugiesische Serra d'El Rei gebracht, einer kleinen Gemeinde am Atlantik, die heute zur Stadt Peniche gehört. Ich bin zwar nicht der Überzeugung, dass man solchen konstruierten Beweisen Glauben schenken sollte: Aber die Untersuchungen Maurice Guinguands sind ein gutes Beispiel für die Art und Weise, wie Autoren mit dem Mythos Templerschatz umgehen und welche Blüten die Auseinandersetzung mit dem Thema bisweilen trägt.

Doch kommen wir zurück zu Gérard de Sède und seinen Ausführungen in seinem Buch *Die Templer sind unter uns*. Ich stellte dar, dass laut dem Templer Johann von Chalon der Schatz aus der Pariser Tempel auf Schiffe verladen und über das Meer weggebracht worden sei. Ein mögliches Ziel wurde mit Tomar in Portugal bereits genannt. Doch Gérard de Sède bezweifelt, dass diese Aussagen stimmen. Seine Begründung: Überall in Frankreich seien Straßensperren errichtet worden, so dass die Templer – und schon gar keine Gruppe von 40 schwer bewaffneten Ordenskriegern, die drei Wagen begleiten – ungehindert zum Meer hätten gelangen können; das Gold wäre den Häschern Philipps gewiss in die Hände gefallen. Dem entsprechend entwickelt Gérard de Sède eine andere Lösung: Seiner Meinung nach mussten die Templern ihren Schatz innerhalb Frankreichs an einen geheimen Ort bringen,[112] zudem, ich zitiere Martin Bauer, „erscheint es nicht absurd, daß der Inhalt von lächerlichen drei Karren auf 18 Schiffe verladen werden sollte?“[113]

Ausgehend von diesen vermeintlichen Widersprüchen entwirft Gérard de Sède nun die These, dass die Aussagen Johann von Chalons Chiffren gewesen sein müssen, in denen sich versteckte, geheime Hinweise auf den tatsächlichen Aufenthaltsort des legendären Schatzes finden lassen. Den Standort glaubt Gérard de Sède aus den Angaben entwickeln zu können: die Burg Gisors. Burg Gisors steht in der gleichnamigen französischen Stadt im Departement Haute-Normandie und wurde im 11. Jahrhundert als so genannte „Motte“ (also als Burg auf einem künstlich aufgeworfenen Hügel) erbaut. Die Stadt Gisors ist besonders für die drei „Frieden von Gisors“ 1113, 1180

und 1188 bekannt: In jenen Jahren schlossen der jeweilige französische und englische Herrscher in Gisors Friedensverträge, die zweimal einen Krieg beendeten (1113 und 1188), einmal jedoch auch den französischen König Philipp II. August des gütigen Schutzes der englischen Majestät Heinrich II. in einer familiären Erbfolge- und Einflussnahmestreitigkeit versicherte. Gérard de Sède nun nennt die Burg Gisors „Burg der drei Wagen“[114] und zieht dafür, wie auch schon Maurice Guinguand bei seinen Spekulationen um die Burg Tomar, astronomische Aspekte heran. Laut Gérard de Sède sei es der Fall gewesen, dass während der fast 100-jährigen Erbauungszeit der Burg Gisors (1090 bis 1184) jedes Jahr am 24. Dezember um Mitternacht – also in der Heiligen Nacht – die Sternenbilder des Großen und Kleinen Wagens sowie des Wagens der Meere von Gisors aus gesehen genau sich gegenüber standen. Was soll das nun heißen? Ich zitiere Martin Bauer, um Licht ins Dunkel dieser astronomischen Aussage zu bringen: „[…] Großer und Kleiner Wagen sind direkt am Nachthimmel sichtbar, der Wagen der Meere steht genau gegenüber am unsichtbaren Teil des Himmels, der unter der Erdscheibe liegt.“[115] Aus diesem Grunde nennt de Sède die Burg Gisors auch, wie oben erwähnt, die „Burg der drei Wagen“ und vermutet sie als eigentliches Ziel des Templer-Kommandos mit dem Ordensschatz, ausgehend von dem, was Johann von Chalons im Zusammenhang mit den drei Wagen, die am 12. Oktober 1307 den großen Pariser Tempel verlassen haben sollen, gesagt hat.
Eine Art Beweis für seine These findet Gérard de Sède in der Geschichte Roger Lhomoys, einem Einwohner Gisors, der in den alten Gängen unter der Burg seines Städtchens tatsächlich einen Schatz gefunden haben will. Lhomoy verschaffte sich als Gärtner und Burgführer Zugang zu Burg Gisors und begann Mitte der 1940er Jahre mit individuellen und geheimen (und verbotenen!) Grabungen, bei denen er angeblich eine romanische Kapelle gefunden haben soll: Diese, so Gérard de Sède, lag in 16 Metern Tiefe, am Ende eines 13 Meter langen Querstollens; sie soll 30 Meter lang, neun Meter breit, 4,50 Meter hoch gewesen und der Heiligen Katharina von Alexandrien[116] geweiht gewesen sein. Zudem lagerten dort angeblich Steinsarkophage und Truhen aus kostbarem Metall. Roger Lhomoy berichtete der Gemeindeverwaltung von seinem Fund – der Bürgermeister jedoch ließ den abenteuerlichen Selbstbaustollen des Hobby-Archäologen Lhomoy wieder zuschütten, niemand kümmerte sich um den vorgeblichen Templerschatz. Lhomoy stellte einen Antrag, weitergraben zu dürfen; 16 Jahre später wurde dem Antrag stattgegeben. Lhomoy fand die Kapelle leer, Mitte der 1960er Jahre wurde

die Burg Gisors zu militärischem Sperrgebiet erklärt. All dies nimmt Gérard de Sède zum Anlass, Burg Gisors zweifellos zum Versteck des Templerschatzes zu erheben. Man darf ohne Frage an diesen Aussagen und Konstruktionen des Gérard de Sède zweifeln; ich tue es auch. Aber es geht ja in diesem Buch darum zu zeigen, inwiefern die Suche nach dem Gral die Phantasie von Autoren verschiedener Epochen angeregt hat und welche Mittel bemüht werden, um beispielsweise die eine oder die andere Burg als mögliches Versteck des Templerschatzes zu identifizieren. Doch nun genug vom Templerschatz – kommen wir zum eigentlichen Thema zurück.

Die Armen Ritter Christi und der Heilige Gral

Oben sprach ich davon, dass manche Spekulationen den Heiligen Gral im Schatz der Templer verorten. Nehmen wir dies einmal so hin, ohne uns auf die Glaubwürdig- und Überprüfbarkeit einer solchen Aussage zu konzentrieren. Zunächst müssen wir wieder auf Wolfram von Eschenbach zurückkommen, der ja den Heiligen Gral, sein „dinc“, mit den „templeisen“ als Gralshütern in Verbindung bringt; die „templeise“ sind bei Wolfram die besten und ehrfürchtigsten Ritter, die das bedeutendste Heiligtum des Christentums hüten und vor allen Ungläubigen und jeglichem Unbill einer verrohten Welt (man erinnere sich an den von mir im entsprechenden Kapitel dargestellten Gegensatz zwischen dem weltlichen und dem geistlichen Rittertum – vergleiche die völlig unterschiedliche Figurenkonzeption von Parzival und Gawan!) schützen. Dies ist ein Punkt. Der zweite Aspekt, der den Gral mit den Templern in Verbindung bringt, ist sein möglicher Aufenthaltsort unter den Ruinen des Salomonischen Tempels zu Jerusalem, wo die Templer ja bekanntlich ihr Hauptquartier hatten. Ich stellte dar, dass der Templerschatz womöglich aus den Tiefen unter dem Salomonischen Tempel stammte, wo die Ordensbrüder möglicherweise auf das Allerheiligste im Westen des alten Tempels der Juden gestoßen sind. Ich zitiere nun einen Absatz aus dem Buch *Der heilige Gral und seine Erben*, von dem aus ich die Verbindung Templer-Heiliger Gral, wie sie seit dem späten 20. Jahrhundert kommuniziert und vermutet wird, untersuchen möchte.

Wir gingen davon aus, daß im Heiligen Land etwas gefunden worden war, etwas von ungeheurer Bedeutung, das bei vielen der einflussreichsten Edelleute Europas großes Interesse weckte. Wir folgerten weiter, daß diese Entdeckung direkt oder indirekt mit großen Reichtümern zusammenhing sowie mit Geheimnissen, die nur einem kleinen Kreis hoher Adliger anvertraut werden durften.[117]

Und weiter heißt es im gleichen Buch des englisch-amerikanischen Journalistentrios Baigent, Lincoln und Leigh:

„Zunächst richteten wir aber unser Augenmerk besonders auf den hypothetischen 'Fund' im Heiligen Land, der die etwas schwankende Basis für unser 'Szenario' abgab. Um was konnte es sich dabei gehandelt haben? Welches Geheimnis verband die Templer mit Bernhard von Clairvaux und dem Grafen von der Champagne? Nicht einmal das schreckliche Ende veranlasste sie preiszugeben, wo sich ihr Schatz befand und woraus er bestand. Sie ließen keinerlei Dokumente zurück. Hätte es sich um einen rein materiellen Schatz gehandelt – in Form von Goldbarren zum Beispiel –, hätten nicht alle Aufzeichnungen, Unterlagen und Archive versteckt beziehungsweise vernichtet zu werden brauchen. Die Vermutung liegt also nahe, daß die Templer etwas ganz anderes wie ihren Augapfel hüteten, ein Geheimnis, das sie sich selbst durch die Folter entreißen ließen. Dieses Geheimnis musste mit anderen Dingen verknüpft gewesen sein – etwa mit der Einstellung des Ordens zu Christus.“[118]

Diese beiden Abschnitte fassen die gesamte Templer-Gral-Problematik in meinen Augen gut zusammen: Der Orden hat im Heiligen Land etwas gefunden; etwas, das ihnen schnell zu Ansehen, enormen Einfluss und schier unbegrenzten Ressourcen (Finanzen, Land, Menschen) verhalf. Doch was das ist, was dafür sorgte, dass der Orden vom Salomonischen Tempel (dessen Gründungsherren auf ewige Armut geschworen hatten!), das weiß man nicht. Ich bin, und das ist selten, hier voll und ganz auf einer Linie mit Baigent, Lincoln und Leigh. Von „normalen“ Reichtümern im Sinne von Geschmeide, Gold oder möglicherweise altjüdischen Kultgegenständen kann nicht die Rede sein. Welches Objekt von materiellem Gegenwert, auch wenn dieser unter Umständen unglaublich hoch ist, wäre es wert gewesen, so verteidigt zu werden ,wie es die Templer mit ihrem Schatz getan haben? Man darf nicht vergessen: Die Ordensbrüder haben zur Bewahrung ihres Geheimnisses unsagbare Schmerzen und hundert- wenn nicht gar tausendfach den Tod erlitten. Sie hätten nicht Folter und Tod (über das Maß, das ihnen aufgrund des königlichen Erlasses ohnehin nicht erspart geblieben wäre) erlitten, um dem französischen König finanzielle und Sachwerte vorzuenthalten. Doch was war es dann? Was war so wichtig, dass es den Untergang des

Ordens überlebte? Werfen wir nochmals einen kurzen Blick auf die Geschichte der Templer, ohne uns diesmal zu lange an den historisch gesicherten Wahrheiten aufzuhalten.

Die Entwicklung des Ordens ist – vorsichtig formuliert – erstaunlich. Rekapitulieren wir: Rund zwanzig Jahre nach der Eroberung Jerusalems durch die vereinigten Kreuzfahrerheere tauchen neun Ritter unter der Führung des französischen Adligen Hugo von Payens in der Heiligen Stadt mit der Motivation, einen Orden zum Schutze der Pilgerstraßen von der Küste nach Jerusalem zu gründen. Was passiert? Wie selbstverständlich wird den Männern nicht nur als Ordens-Hauptquartier ein Teil des königlichen Palastes zugewiesen; wenige Jahre nach der offiziellen Gründung setzen plötzlich Schenkungen quer durch Europa und Eintritte von bedeutenden und reichen Adligen (unter anderem Graf von Anjou; Graf von der Champagne) sind quasi an der Tagesordnung. Ebenfalls gegen Ende der 1130er Jahre findet das denkwürdige Konzil von Troyes statt, auf dem die Templer Ordensregeln erhalten und offiziell anerkannt werden. Einen triftigen Grund für diese Ehre gab es nicht; denn bis dato hatten die Templer nichts geleistet, was in den Chroniken jener Zeit verzeichnet gewesen wäre. Es ist nicht überliefert, dass die Armen Ritter im ersten Jahrzehnt ihres Bestehens an Kämpfen teilgenommen hätten oder der Aufgabe, mit der sie ihre Gründung rechtfertigten – dem Schutz von Pilgern – nachgekommen wären. Interessant ist in diesem Zusammenhang auch die Verbindung der Templer zum Orden der Zisterzienser: Der Mönchsorden wurde zu jener Zeit von Bernhard von Clairvaux zu neuer Größe geführt, wiewohl er im ersten Jahrzehnt des 12. Jahrhunderts noch kurz vor dem Ruin stand; das enorme Wachstum der Zisterzienser vollzieht sich mehr oder weniger parallel mit dem kometenhaften Aufstieg des Templerordens. Bernhard von Clairvaux, wie wir wissen, zeichnete auf dem Konzil von Clairvaux als feuriger Verteidiger des neuen Ritterordens verantwortlich und verhalf den Templern zu ihrer relativ problemlosen Anerkennung seitens der Amtskirche. 1139 dann der nächste „Paukenschlag“: Papst Innozenz II. stellt den Orden direkt unter seine Obhut, stellt ihm beeindruckende Privilegien aus und entrückt ihn jeglicher weltlichen Rechtsprechung; er schafft den Templern in allen Ländern, in denen sie sich niedergelassen haben, ihre eigenen klerikalen und juristischen Domänen, in denen der Orden nach eigenem Dünken schalten und walten kann und in allen Handlungen unantastbar ist.

Doch warum das alles, wie konnte es dazu kommen? Ich habe oben zwei wesentliche Abschnitte aus dem Buch von Baigent, Lincoln und Leigh zitiert, in denen die Autoren auf einen besonderen Aspekt der Templer-Geschichte hinweisen, den auch ich bereits mehrfach angedeutet habe: den Fund einer wichtigen Sache im Heiligen Land. Eine These, die man in diesem Zusammenhang formulieren kann: Den Tempelrittern ist bei ihren Erkundungen in den Ruinen ihrer Heimstatt ein Schatz von weitreichender Bedeutung in die Hände gefallen. Diese Bedeutung kann sich im Mittelalter nur darin begründen, dass sie etwas mit dem konventionellen Glauben und der Amtskirche zu tun hat und diesen unter Umständen massiv bedroht. Daraufhin haben sie die Kirche bedroht beziehungsweise erpresst, um sich so ihre Privilegien, die ihnen natürlich nicht zustanden, zu erstreiten. Den Schatz bezeichnen wir des Weiteren als den Heiligen Gral, um seine Beschaffenheit und die ihm möglicherweise innewohnende Brisanz kümmern wir uns im Folgenden.
Wir gehen noch einmal auf den Gralsroman Roberts de Boron zurück. Dort wird gesagt, dass Joseph von Arimathäa im Heiligen Gral, dem Kelch des Letzten Abendmahls, das Blut des gekreuzigten Jesus Christus aufgefangen habe; später sei Joseph mit seiner Sippe nach Europa, dem Abendlande, wie es bei Robert heißt, gefahren. Dies ist ein guter Anknüpfungspunkt an die Diskussionen der letzten Jahre, die im Anfang durch Baigent, Lincoln und Leigh befeuert und späterhin von Dan Brown aufgegriffen und fiktional verwertet wurden (dazu kommen wir im Schlusskapitel). Beide gerade genannten Aspekte des Werkes von Robert, das Auffangen des Blutes sowie das Auswandern nach dem Abendlande, wurden dankbar von den spekulativen Autoren aufgegriffen und genutzt, um eine Theorie des Heiligen Grals zu konstruieren – diese Theorie möchte ich nun in einer Art Geschichte nachvollziehen und dem Leser zugänglich machen. Beginnen wir die Geschichte mit einem Paukenschlag: Jesus Christus war verheiratet. Das widerspricht völlig dem, was der christliche Glaube sagt, doch ist es per se nicht sonderlich abwegig. Christus war Jude, und im traditionellen Judentum war es – zumal in der Zeit Jesu – mehr als merkwürdig, keine Ehefrau zu haben. Wäre Jesus Junggeselle gewesen, hätten ihn das möglicherweise gesellschaftlich isoliert, was seiner Rolle als Erlöser und Prediger eines neuen Glaubens sicherlich nicht zuträglich gewesen wäre. Weiter sehen die Autoren in der Geschichte von der Hochzeit von Kana einen Beleg dafür, dass Jesus verheiratet gewesen sein muss: Sie fassen die Hochzeit von Kana als Jesu eigene Hochzeit auf, auf der er erstmalig seine göttliche Kräfte offenbart, als er Wasser

zu Wein werden lässt. Die These des verheirateten Jesu wirft sicherlich sogleich die Frage nach der Braut auf. Wer die Evangelien kennt, weiß, dass nicht viele Frauengestalten in Jesu Dunstkreis eine wesentliche Rolle für die beziehungsweise in den biblischen Erzählungen spielen. Da ist zum einen Maria, seine Mutter, die ihn bis zur Kreuzigung begleitet und der er seinen Lieblingsjünger anvertraut; zum anderen aber auch Maria aus Magdala (Maria Magdalena), eine Frau aus dem Volke, die mit Jesus und seinen Jüngern herumzog. In der heutigen Auffassung ist Maria Magdalena vor allem als Dirne, als Hure bekannt, von der man nicht weiß, wieso Jesus Christus sie in seiner Gruppe reisen ließ. Dass das falsch ist, belegt ein weiterer Blick in die Evangelien – nirgends ist davon die Rede, dass Maria Magdalena eine Prostituierte war bzw. vor ihrer Zeit als Jüngerin Jesu gewesen ist! Vielmehr wird sie als treue Anhängerin des Herrn dargestellt, dem sie unverbrüchlich folgt und dem sie – im positiven Sinne – ergeben ist. Sie wird als Frau eingeführt, aus der sieben Dämonen ausgefahren sind und die laut dem Lukasevangelium vor ihrem Zukommen zu Jesu Gruppe eine schwere Zeit gehabt haben soll; was diese Dämonen sein sollen und in was genau diese Zeit so arg machte, darüber schweigen die Evangelisten. Indes aber scheint Maria Magdalena eine besondere Bedeutung zugemessen zu werden: Sie ist bei wichtigen, um nicht zu sagen: den wesentlichen Ereignissen dabei. Die Evangelien berichten davon und gewichten unterschiedlich: Die drei Evangelien – also Markus, Matthäus und Johannes – erzählen, dass Maria Magdalena eine der Frauen gewesen sei, die nahe dem Kreuz Jesu Christi auf Golgatha gestanden hatten. Ich zitiere stellvertretend die Passage nach dem Markus-Evangelium (15,40-41):

„Und es waren auch Frauen da, die von ferne zuschauten, unter ihnen Maria von Magdala und Maria, die Mutter Jakobus' des Kleinen und des Joses, und Salome, / die ihm nachgefolgt waren, als er in Galiläa war, und ihm gedient hatten, und viele andere Frauen, die mit ihm hinauf nach Jerusalem gegangen waren."

Weiter erfährt man aus den synoptischen Evangelien, dass Maria Magdalena bei der Grablegung anwesend war und sich anschließend gemeinsam mit anderen Jüngern Jesu aufmachte, um den Leichnam zu pflegen (diesen finden sie natürlich nicht vor, da Jesus nach dem Sabbat bereits auferstanden ist). Doch den wichtigsten Hinweis für die Rolle Maria Magdalenas gibt das Johannes-Evangelium. Denn dort ist Maria, die in der öffentlichen Wahrnehmung Unreine, die Prostituierte, die, die es nicht wert ist, sich in Jesu Kreis aufzuhalten, diejenige, die den gerade Auferstandenen erblickt und als Erste zu ihm spricht. Ich zitiere nach 20,1-18:

„Am ersten Tag der Woche kommt Maria von Magdala früh, als es noch finster war, zum Grab und sieht, dass der Stein vom Grab weg war. / Da läuft sie und kommt zu Simon Petrus und zu dem anderen Jünger, den Jesus lieb hatte, und spricht zu ihnen: sie haben den Herrn weggenommen aus dem Grab, und wir wissen nicht, wo sie ihn hingelegt habe. / Da ging Petrus und der andere Jünger hinaus und sie kamen zum Grab. / Es liefen aber die zwei miteinander und andere Jünger liefen voraus, schneller als Petrus, und kam zuerst zum Grab, / schaut hinein und sieht die Leinentücher liegen; er ging aber nicht hinein. / Da kam Simon Petrus ihm nach und ging in das Grab hinein und sieht die Leinentücher liegen, / aber das Schweißtuch, das Jesus um das Haupt gebunden war, nicht bei den Leinentüchern liegen, sondern daneben, zusammengewickelt an einem besonderen Ort. / Da ging auch der andere Jünger hinein, der zuerst zum Grab gekommen war, und sah und glaubte. / Denn sie verstanden die Schrift noch nicht, dass er von den Toten auferstehen müsste. / Da gingen die Jünger wieder heim. / Maria aber stand draußen vor dem Grab und weinte. Als sie nun weinte, schaute sie in das Grab / und sieht zwei Engel mit weißen Gewändern sitzen, einen zu Häupten und den andern zu den Füßen, wo sie den Leichnam Jesu hingelegt hatten. / Und da sprachen sie zu ihr: Frau, was weinst du? Sie spricht zu ihnen: Sie haben meinen Herrn weggenommen, und ich weiß nicht, wo sie ihn hingelegt haben. / Und als sie das sagte, wandte sie sich um und sieht Jesus stehen und weiß nicht, dass es Jesus ist. / Spricht Jesus zu ihr: Frau, was weinst Du? Wen suchst Du? Sie meint, es sei der Gärtner, und spricht zu ihm: Herr, hast du ihn weggetragen, so sage mir, wo du hingelegt hast; dann will ich ihn holen. / Spricht Jesus zu ihr: Maria! Da wandte sie sich um und spricht zu ihm auf Hebräisch: Rabbuni!, das heißt: Meister! / Spricht Jesus zu ihr: Rühre mich nicht an! Denn ich bin noch nicht aufgefahren zum Vater. Geh aber hin zu meinen Brüdern und sage ihnen: Ich fahre auf zu meinem Vater und zu eurem Gott. / Maria von Magdala geht und verkündigt den Jüngern: Ich habe den Herrn gesehen, und das hat er zu mir gesagt."

Es besteht meiner Meinung nach kein Grund, Maria Magdalena als etwas anderes als eine fromme und treue Nachfolgerin Jesus Christus anzusehen. Man stellte die Evangelien in Frage, hielte man die Anklage, Maria Magdalena sei eine unreine Prostituierte, die es nicht wert sei, dass Jesus sie duldet, allen Ernstes aufrecht. Mir scheint es, dass Jesus sie bewusst auserwählt, um sie als Herold zu seinen Jüngern/den Aposteln zu schicken, dass sie ihnen von der Auferstehung des Herrn künde. Ich lege es mit meiner folgenden laientheologischen These bewusst auf Provokation an – und vergleiche Maria Magdalena mit Paulus, dem bekehrten jüdischen Christenverfolger und größtem Verkünder der Christus-Lehre in der zweiten Generation, wenn man so sagen kann. Papst Benedikt XVI. sagt, dass Paulus' Apostolat sich besonders dadurch auszeichnet, dass er „den Herrn, den Auferstandenen, gesehen hat".[119] Hat jetzt nicht Maria Magdalena das gleiche Erlebnis wie der Apostel Paulus? Hat nicht auch sie den auferstandenen Herrn gesehen, sogar als erste von allen Menschen? In meinen Augen wird sie damit im Grunde dem Paulus auf eine gewisse Weise gleichgesetzt und somit in ihrer Rolle erhoben. Vielleicht kann man Maria Magdalena nun als tatsächlich Auserwählte, als „Erste und Vornehmste"[120] bezeichnen, wie der in Schweden lehrende Historiker Dick Harrison es tut. Bei Harrison finden wir auch einige wichtige Hinweise zum Verständnis der Figur Maria Magdalena in der (frühen) Kirche. Laut Harrison habe in der frühen „christlichen als auch gnostischen"[121] Tradition eine „Zentralstellung"[122] eingenommen, zudem sei es der Fall gewesen, dass es „während der Antike eine religiöse Tradition gegeben habe, die stark auf Maria Magdalena fixiert war und sie als erste Nachfolgerin betrachtete, und zwar in scharfem Kontrast zu einer rivalisierenden und schließlich siegreichen Tradition, die Petrus in den Mittelpunkt gestellt hat".[123] An dieser Stelle, die so dahin geworfen erscheint, müssen wir stutzig werden: Maria Magdalena als Nachfolgerin Jesu Christi? Maria Magdalena demnach als Gründerin der Kirche, die nach gängiger Auffassung auf Petrus, den ersten Papst, zurückging? Maria Magdalena als hohe Gestalt der (frühen) christlichen Kirche? Es mutet so an[124]; vor allem, wenn wir uns die Lehre der Gnostiker beziehungsweise der Gnosis anschauen.[125] Die gnostischen Christen scheuten nicht davor zurück, Maria Magdalena als Oberste der Jünger Jesu Christi anzusehen – und ihr eingehend im nach ihr benannten Evangelium, dem Evangelium nach Maria Magdalena, zu huldigen. Dies Evangelium wurde wie wir wissen nicht in den biblischen Kanon aufgenommen und muss deshalb zu den Apokryphen des Neuen Testaments gezählt werden. Grob zusammengefasst, geht es im ersten Teil des Evangeliums nach Maria Magdalena um einen Dialog zwischen dem auferstandenen Jesus und seinen Jüngern und Jüngerinnen; den zweiten Teil bildet eine Vision Maria Magdalenas. Im Kern steht wohl die Aussage, dass Jesus Maria Magdalena mehr geliebt habe als alle seinen anderen Jünger, wie Simon Petrus, Jesu „Fels", feststellt:

„Petrus sagte zu Maria: 'Schwester, wir wissen, dass der Retter dich mehr liebte als alle anderen Frauen. Berichte uns von den Worten des Retters, die du erinnerst – die du kennst und wir nicht oder von denen wir noch nie gehört haben.'"[126] Wie gesagt, diese Worte findet man in keiner Bibel, sie gehören nicht zum Kanon der Kirche. Doch es muss Gründe dafür gegeben haben, dass solche Äußerungen in einem sehr frühen christlichen Text auftauchen – und in meinen Augen kann es dafür nur eine Erklärung geben: Es muss in der Urkirche, vielleicht schon kurz nach Jesu Christi Tod, eine bedeutende Anzahl von Gläubigen gegeben haben, für die feststand, dass Maria Magdalena der Mensch war, der „Christus am nächsten stand"[127]. Dick Harrison belegt diese Vermutung mit einem weiteren Teil aus dem gnostischen Marien-Evangelium. Maria Magdalena tritt als eine Person hervor, der vom Erlöser Wissen, Erkenntnis geschenkt wurde; sie ist es, die von Geheimnissen weiß, die ihr direkt vom auferstandenen Jesus Christus gelehrt wurden, sie ist es, die alles, was Jesus Christus ihr als Einziger lehrte, verstanden hat. Sie steht über allen anderen Jüngern. Auch in einem anderen gnostischen Evangelium, dem Evangelium nach Philippus (zu finden in den Nag-Hammadi-Schriften), tritt Maria Magdalena in einer tragenden Rolle in Erscheinung: Sie wird als Lieblingsjüngerin dargestellt, damit ergänzt sich das Philippus-Evangelium gut mit der Darstellung in demjenigen nach Maria Magdalena. Vor allem folgende Stelle ist aussagekräftig: „Christus liebte sie mehr als alle die Jünger und pflegte sie oft auf den [Mund] [sic] zu küssen. Der Rest der Jünger war darüber gekränkt und verlieh seiner Missbilligung Ausdruck. Sie sprachen zu ihm: 'Warum liebst du sie mehr als uns alle?' Der Heiland antwortete und sprach zu ihnen: 'Warum liebe ich euch nicht so, wie ich sie liebe?'"[128]

Wir haben auf den vergangenen Seiten nun die Darstellung Maria Magdalenas in den kanonischen und anderen Schriften des frühen Christentums herausgearbeitet und dabei festgestellt, dass Maria nirgendwo als die schändliche Prostituierte dargestellt wird, als die sie in der Öffentlichkeit (gestern und heute) angesehen wird. Vielmehr gehört Maria Magdalena zu den Jüngern, die Jesus besonders liebte: In den kanonischen Schriften zeigt sich dies durch die Tatsache, dass sie Jesus Christus nach dessen Auferstehung als erstes sieht und von ihm den Auftrag bekommt, die Kunde von der Auferstehung weiterzutragen; in den (gnostischen) Schriften, die von den Kirchenvätern der Spätantike nicht in die Bibel aufgenommen wurden, wird die Rolle noch deutlicher. Maria habe von Jesus besonderes Wissen, Erkenntnis bekommen, sie stand ihm am Nächsten, sie habe er von allen am meisten geliebt. Bringen wir diese Äußerungen, die sich um noch um einige erweitern lassen, mit den Spekulationen rund um den Heiligen Gral in Verbindung, lässt sich Erstaunliches für unsere Sache daraus entwickeln. Ich beziehe mich zurück auf die von mir als Paukenschlag bezeichnete Aussage, dass Jesus verheiratet gewesen sein könnte; seine Ehegattin könnte demnach Maria Magdalena gewesen sein. Nun lässt sich – hier, in den ‚Tiefen' der Spekulation – berechtigterweise auch folgende Frage stellen: Warum sollte Jesus, wenn er schon verheiratet gewesen ist, nicht auch Nachkommen mit Maria Magdalena gezeugt haben? An dieser Stelle kommt der Gedanken des *royal blood*, des königlichen Blutes, ins Spiel, den die TV-Journalisten Henry Lincoln, Michael Baigent und Richard Leigh aufgebracht haben. Sie schreiben:

„Wenn wir davon ausgehen, daß Jesus tatsächlich mit Maria Magdalena verheiratet war – konnte diese Ehe eine Art dynastische Allianz voller politischer Implikationen und Auswirkungen sein? Hätte ihre Nachkommenschaft mit Recht behaupten können, ‚königlichen Geblüts' zu sein? Das Matthäusevangelium stellt ausdrücklich fest, daß Jesus königlicher Herkunft war – ein echter König und direkter Nachkomme Salomons und Davids. In diesem Falle hätte Jesus einen legitimen Anspruch auf den Thron eines vereinigten Palästina gehabt. Unter diesem Gesichtspunkt wäre die Kreuzesinschrift nicht nur aus höhnischem Sadismus entstanden, denn Jesus wäre in der Tat ‚König der Juden' gewesen. Und er mußte auf eben die Gegnerschaft stoßen, die die Rolle, die er spielte, schließlich hervorrief: die Gegnerschaft Roms und die des Herodes, die beide in einem Priesterkönig, der womöglich das Land und das Volk der Juden einen wollte, eine ernste Bedrohung sehen mußten."[129]

Baigent, Lincoln und Leigh stehen auf dem Standpunkt, dass Jesus ein „Priesterkönig aus dem Geschlecht Davids gewesen sein [muss], der einen legitimen Anspruch auf den Thron besaß", das heißt, Jesus wäre nicht nur Begründer einer neuen geistlichen Richtung, sondern auch als Nachfolger des legendären jüdischen Königs David im Recht gewesen, den Thron Judäas für sich und seine Familie – also seine Erben – zu reklamieren. Das hätte natürlich dazu führen können, dass Jesus mithilfe der ihm getreu Nachfolgenden gegen die römischen Ursupatoren aufbegehrt, versucht, den von ihnen eingesetzten Marionettenkönig Herodes zu stürzen und selbst den Thron besteigt. Seine Gegner sahen als einzigen Ausweg, Jesus zu töten beziehungsweise ihn durch eine offizielle Hinrichtung töten zu lassen.[130] Doch das heißt natürlich

nicht, dass seine Familie – gehen wir in diesem Kapitel davon aus, er hatte eine – nicht weiter existieren konnte – und Baigent, Lincoln und Leigh gehen davon aus, dass Maria Magdalena, die entweder bereits Kinder mit Jesus hatte oder aber zumindest schwanger von ihm war, gemeinsam mit Joseph von Arimathäa nach Europa gefahren ist, genauer: nach Südfrankreich.
Vergegenwärtigen wir uns noch einmal das eben leichthin Gesagte: Maria Magdalena könnte, so schreiben Baigent, Lincoln und Leigh und zahlreiche Autoren nach ihnen, von Jesus schwanger gewesen sein und/oder mit ihm Kinder gehabt haben! Damit sind wir nun an dem Punkt angelangt, an dem es an der Zeit ist, die ‚moderne' These zu formulieren und ihre Konsequenzen, wie die Spekulanten sie festzumachen versuchen, zu erörtern. Erinnern wir uns, dass der Titel des Epos von Chrétien de Troyes im Ganzen lautet *Le Roman de Perceval ou Le Conte du Graal*. Wir sehen, dass *Graal* im Altfranzösischen Gral bedeutet; mit einem *Saint* davor, wird der *Graal* zum Heiligen Gral, wie er in den alltäglichen Sprachgebrauch eingegangen ist. Dieses *Saint Graal* kann man aber je nach Aussprache leicht zu „Sangraal"[131] werden – was dann wieder nichts anderes heißt als königliches Blut. Damit wäre Maria Magdalena der Heilige Gral, denn sie trägt das königliche Blut, das Blut Jesu in ihr, da sie von ihm schwanger war oder bereits Kinder bekommen hatte. Man muss sich der Tragweite dieser Hypothese bewusst werden: Jesus, Gottes Sohn, der am Kreuz gestorben ist, um die Menschheit zu erlösen, soll mit einer Frau, die in der Amtskirche als unreine, unwürdige Prostituierte in Dasein im kollektiven Abseits führt, Kinder haben, soll eine eigene Linie, deren Mitglieder Jesu Blut in sich tragen, gegründet haben. Damit wäre Jesus zwar gestorben, seine Erben jedoch wären möglicherweise bereits vor seinem Tod am Kreuz unter den Menschen gewesen. Die Frage, die man sich hier nun stellen muss, ist folgende: Welche Konsequenz hätte ein solcher Sachverhalt (gehabt)? Mehrere Antworten sind möglich. Zum Einen wäre natürlich eine Fortführung des Herrschaftsanspruches, den Jesus laut Baigent, Lincoln und Leigh ohne Weiteres hätte reklamieren können, für seine Erben möglich gewesen. Sie wären dann wie Jesus direkt aus der Linie Davids gekommen und hätten völlig legitim den Thron Judäas besteigen können, nachdem sie römischen Besatzer und ihre Anhänger aus Judäa verjagt oder sie eben alle vernichtet hätten. Das wäre politisch für die Zeit bedeutsam gewesen und hätte womöglich die Geschichte der nachfolgenden Jahrhunderte anders verlaufen lassen. Zum Zweiten wäre die religiöse Ordnung, die Jesus als Prophet und Messias durch das neue Christentum geschaffen hat, völlig aus den Fugen ge-

raten: Das Christentum beruht ja auf dem Glauben an die einmalige göttliche Abstammung Jesu Christi, ein von Jesus gezeugtes Kind hätte diese fundamentale Grundlage entsetzlich erschüttert. Man stelle sich nur vor, was geschehen würde, würden solche Dinge, die sich – ich betone ausdrücklich! – nur im Bereich des rein-spekulativen abspielen, ans Licht dringen. Wäre dann nicht das Christentum und vor allem die von der Amtskirche seit nun rund zwei Jahrtausenden währenden Dogmen und Lehren auf eine gewisse Weise obsolet geworden? Und hätten nicht Jesu Nachfahren, zu welcher Zeit in der Geschichte sie auch aufgetaucht wären, auch das Recht, nicht nur einen weltlichen Thron einzufordern, sondern auch einen geistlichen, einen religiösen? Hätte ihnen nicht die Führung der Kirche, die sich auf Jesus Christus, von dem sie ja direkt abstammen würden, zugestanden werden müssen? Sie hätten dann wohl oder übel das Amt des höchsten Kirchenführers dem Heiligen Vater in Rom ganz legitim entreißen können, um selbst als geistliche Herrscher und Führer, wie Jesus Christus einer gewesen ist, zu fungieren.
Kommen wir hier, als kleiner Zwischenwurf, kurz zurück auf die Tempelritter, bevor wir uns wieder den vermeintlichen Nachfahren Jesu Christi und seiner angeblichen Frau Maria Magdalena zuwenden: Wir sagten, dass sie womöglich den Heiligen Gral unter den Ruinen des Salomonischen Tempels entdeckt haben. Nun, mag es nicht sein, dass sie, ausgehend von der Hypothese, dass das königliche Blut in Maria Magdalena der Heilige Gral ist, Beweise für die Existenz dieser Jesus-Nachfahren und die Partnerschaft mit Maria Magdalena gefunden haben? Mit diesen Dokumenten, wie sie auch immer beschaffen gewesen sein mögen, hätten sie den Vatikan und den Heiligen Stuhl ohne weiteres schwersten Repressalien aussetzen können, gefährdeten sie doch seine in der Weltgeschichte einmalige religiös-politische Position. So ist womöglich über Erpressung des Vatikans der bemerkenswerte Aufstieg des Templer-Ordens zu erklären – ebenso wie seine Zerschlagung. Es ist, hypothetisch, ohne weiteres möglich, dass der französische König Philipp der Schöne nur vorgeschoben wurde, um die Templer zu vernichten, damit sie zum Schweigen gebracht werden! Weder Häresie noch die Geldgier des Monarchen brachten ihnen den Untergang; vielmehr ihr Wissen war es, der sie schließlich stürzte. Ich wiederhole noch einmal eindringlich: Es ist alles spekulativ, was hier geschrieben steht, ich übertrage an dieser Stelle nur Thesen aus der modernen Beschäftigung mit dem Gral auf damit verwandte Gebiete! Ich arbeite an dieser Stelle nach dem „Was wäre wenn“-Prinzip zur

Darstellung des gesamten Gralskomplexes, ohne irgend einen Anspruch auf Richtigkeit zu erheben wie andere Autoren vor mir.

Der große Schwindel

Wir sind an anderer Stelle auf das südfranzösische Exil zu sprechen gekommen. Machen wir uns die Situation noch einmal klar: Maria Magdalena als Heiliger Gral in persona, nämlich als Trägerin Christi königlichen Blutes, reist, in der Obhut Josephs von Arimathäa nach Europa und landet an der Südostküste Frankreichs; und zwar in der Region, die wir heute als Languedoc bezeichnen. Dort lässt sie sich nieder und zieht dort ihre und Jesu Kinder auf. Die Ursprünge einer Dynastie, die sich als direkte Nachkommen Jesu Christi bezeichnen können, sind also in Südfrankreich zu suchen. Für Baigent, Lincoln und Leigh sind die Nachfahren von Gottes Sohn im Geschlecht der Merowinger zu suchen.[132] Wir müssen jetzt einen weiten Bogen schlagen, um diese Idee der Jesus-Merowinger verständlich darstellen und erläutern zu können. Diese Darstellung wird uns aus der Zeit Jesu und den ersten Jahrhunderten nach seinem Tod wegführen in das 19. und 20. Jahrhundert – und hin zu dem Bereich, der wahrscheinlich vielen Menschen zumindest schlagwortartig bekannt sein wird: die Ereignisse von Rennes-le-Château, der Pfarrer Bérenger Saunière und die geheimnisvolle Gesellschaft Prieuré de Sion. Im Anschluss daran werden wir uns dann noch dem Gralsroman Dan Browns zuwenden – und haben dann unser Ziel erreicht und die Spekulationen rund um den Heiligen Gral in aller Tiefe dargestellt. Doch kommen wir zurück nach Frankreich, wo der eben erwähnte Priester gegen Ende des 19. Jahrhunderts lebte. Wie die meisten Dorfgeistlichen zu dieser Zeit war Saunière arm, die 1059 geweihte Kirche von Rennes-le-Château befand sich in einem „nahezu hoffnungslosen Zustand“[133]. Bei einer kleinen Umbaumaßnahme in der Kirche entdeckte der Geistliche in einem der Träger der alten Altarplatte vier versiegelte Holzzylinder, die Pergamente enthielten. Die beiden älteren Dokumente, eines aus dem 13., eines aus dem 17. Jahrhundert, sollen – so behaupten die Autoren – Genealogien, also im weitesten Sinne Familienstammbäume gewesen sein. Die jüngeren Pergamente (um 1780) werden einem Vorgänger Saunières in Rennes-le-Château zugeschrieben, dem Geistlichen Antoine Bigou – der diese angeblich geschickt kodiert hat, also eine untergründig im Text vorhandene Nachricht (oder sogar mehrere Nachrichten) verschlüsselt hat. Eine Botschaft, so sagen die englischen Autoren, soll lauten: „Dieser Schatz gehört König Dagobert II. und Zion, und dort liegt er tot"[134], eine andere beziehe sich auf die Maler Nicolas Poussin und David Terniers. Seine Entdeckungen legte Saunière in Paris hohen kirchlichen Würdenträgern vor; über die Ergebnisse dieser Gespräche ist nichts bekannt. Belegt ist nur, dass Bérenger Saunière auf einmal begann, Geschäfte mit Banken zu tätigen, briefliche Kontakte in alle Winkel Europas zu unterhalten und Geld auszugeben – viel Geld, wesentlich mehr, als er aufgrund seines mageren jährlichen Einkommens zur Verfügung gehabt haben sollte. Baigent, Leigh und Lincoln fassen zusammen, in welche Projekte Bérenger Saunière seinen Reichtum, von dem keiner weiß, wo er hergekommen ist, investierte:

„Einen Teil dieses Reichtums verwandte er zur Finanzierung löblicher Gemeindeprojekte, etwa dem Bau einer modernen Straße, die ins Dorf hinaufführte, und der Installierung von Wasserleitungen in den Häusern. Andere Ausgaben dienten eher seltsamen Donquichotterien: So ließ Saunière einen Turm errichten – die Tour Magdala –, von dem aus man auf die Steilseite des Berges hinunterblicken konnte. Er baute sich ein luxuriöses Landhaus – die Villa Bethania –, in das er aber selbst nie einzog. Und die Kirche wurde nicht nur restauriert, sondern auf höchst bizarre Weise dekoriert."[135]

Aufmerksamen Beobachtern mag das an den plötzlichen Aufstieg der Templer rund 780 Jahre zuvor erinnern. Könnte auch Saunière etwas gefunden haben, ein Geheimnis, welches er verkaufte? Wurde auch Saunières Schweigen und sein Wohlwollen, niemanden an seiner Entdeckung teilhaben zu lassen, gekauft? Sollte etwa auch Ende des vorvergangenen Jahrhunderts ein Geheimnis entdeckt worden sein, das möglicherweise die Katholische Kirche hätte grundlegend erschüttern, ja sogar hätte stürzen können? Wir sprachen von den Dokumenten des Geistlichen Bigou und der Notiz „Dieser Schatz gehört König Dagobert II. und Zion, und dort liegt er tot"[136]. Es liegt nahe, schaut man auf die horrenden Investitionen, die Saunière tätigte, dass er wirklich einen Schatz gefunden hat; vielleicht diesen Schatz, der laut dem historischen Dokument König Dagobert II. gehörte? Graben wir in der Geschichte: Dagobert II. (geboren 652, ermordet durch ein Attentat mit einer Axt am 23. Dezember 679 bei Stenay im heutigen Lothringen) entstammte dem Geschlecht der Merowinger und war die letzten drei Jahre seines Lebens König von Austrasien, dem östlichen Teil des Frankenreichs zur Zeit seiner Dynastie. Bereits im Alter von vier Jahren erbte Dagobert II. von seinem Vater Sigibert III. den Thron Austrasiens – doch der pippinidische Hausmeier (oder auch Majordomus genannt, der Verwalter eines Hauses oder Königssitzes) Grimoald entführte ihn als Kind und ließ ihn vom Bischof von Poitiers ins Kloster stecken. So wurde der Weg zur Herrschaft frei für den Sohn des Hausmeiers, der als Childebert III. in die Geschichte einging. Nach dem Tod Childeberts bestieg Childerich II. aus der Familie des Frankenkönigs Chlodwig als Ehemann der Sigibert-Tochter Bilchilde den Thron. Er wurde jedoch mit gerade einmal 20 Jahren ermordet; nach diesem Attentat formierte sich eine Gruppe mächtiger austrasischer Männer unter dem Hausmeier Wulfoald und riefen Dagobert II. aus dem Kloster zurück, um die Macht in Austrasien an sich zu nehmen. Sein Rückkehr stand unter keinem guten Stern, denn der neustrische (das ist der nordwestliche Teil des fränkischen Reiches) Hausmeier Ebroin opponierte gegen ihn. Dagobert II. hielt sich weitgehend aus dem politischen Geschäft heraus, solche Aufgaben erledigte sein Hausmeier Pippin der Mittlere; der König befasste sich mit frommen Übungen und wohltätigen Werken. Zum Beispiel stiftete er die Klöster Surburg und Weißenburg im Elsaß. Infolge des ausbrechenden Krieges zwischen den beiden Kontrahenten um die Macht ließ Ebroin Dagobert, der später heilig gesprochen wurde, umbringen. So weit die historisch gesicherten Fakten. Baigent, Lincoln und Leigh jedoch sprechen in ihrem Buch davon, dass Dagobert II. gar nicht wegen eines Kriegs um weltliche Macht und Ländereien im heutigen Frankreich getötet wurde: Vielmehr soll es ein Komplott zwischen der Katholischen Kirche und Ebroin gegeben haben. Ebroin räumt Dagobert II. aus dem Weg, die Karolinger kommen an die Macht; und die Kirche ist eine Person los, die einen ultimativen Machtanspruch erheben könnte: Es wird gesagt, dass Dagobert II. der letzte Merowinger gewesen sei, der unzweifelhaft von Jesus Christus und Maria Magdalena abstammte! Der Schatz des Dagobert II. bestand also in seiner Abstammung von Jesus Christus und damit dem Recht, den Thron über die Katholische Kirche zu reklamieren und als direkter Nachfahre des Erlösers die Geschicke der bekannten Welt zu bestimmen.

Doch die Spekulation, die durch Baigent, Lincoln und Leigh befeuert, hoffähig und populär gemacht wurde (das Buch wurde in mehreren Auflagen in Millionenhöhe verkauft!), endet nicht an dieser Stelle in der Vergangenheit, sondern setzt sich bis ins 20. Jahrhundert fort. Dabei ist sie untrennbar mit dem Namen Pierre Plantard, einem französischen Monarchisten, verknüpft. Bereits während des Zweiten Weltkrieges fiel Pierre Plantard mit Fantastereien über eine angebliche freimaurerisch-jüdische Verschwörung auf, die weitgehend auf dem widerlichen antijüdischen Pamphlet *Die Protokolle der Weisen von Zion* fußten. Diese Angst vor einer Verschwörung teilte er dem damaligen Staatschef des Vichy-Regimes Henri Pétain mit und bot an, ihm mit seinen Phantomgesellschaften (die Namen trugen wie „Union Francaise“ oder auch „Renovation Nationale Francaise“) in Zeiten der freimaurerisch-jüdischen Bedrohung zur Seite zu stehen. Die Reaktion Pétains ist nicht überliefert, spielt aber für uns ohnehin überhaupt keine Rolle. Interessant für die Gralsspekulationen wird Plantard, da er 1956 in einem kleinen Ort in der Region Hochsavoyen im Südosten Frankreichs die Vereinigung „Prieurè de Sion“ gegründet hatte und sie Anfang der 1960er in Paris zu einer Geheimloge umfunktionierte. Diese „Bruderschaft vom Berg Zion“, wie man den französischen Namen „Prieurè de Sion“ am besten ins Deutsche übertragen kann, ging laut Pierre Plantard auf einen geheimen Orden des frühen Mittelalters zurück, der sich kurz vor dem Ersten Kreuzzug konstituierte und angeblich die treibende Kraft hinter der Gründung der Tempelritter gewesen sein soll. Die Tempelritter waren laut Plantard kein autonomer geistlicher Ritterorden, sondern eine militärisch-wirtschaftliche Organisation, die mithalf, den Heiligen Gral zu schützen.[137] Als Begründung beruft er sich auf die so genannten *Dossiers secrets*, die *Geheimen Dossiers*, die Mitte der 1960er Jahre als anonyme Schenkungen der Pariser Bibliothèque Nationale zugingen. In diesen *Dossiers secrets* sind die Geschichte der „Bruderschaft vom Berg Zion“, ihre Motivation sowie eine Liste ihrer angeblichen Großmeister, dem so genannten „Nautonnier“ (deutsch: Steuermann) niedergeschrieben. Aufgabe dieser Bruderschaft sei es gewesen, die Nachfahren Jesu Christi und Maria Magdalenas zu schützen und ihnen bei der Durchsetzung ihrer Thronansprüche behilflich sein. Baigent, Lincoln und Leigh fassen, ausgehend von den Geheimen Dossiers, folgendermaßen zusammen:

„Das erklärte Ziel der Prieurè de Sion besteht in der Wiedereinführung der merowingischen Dynastie und Erbfolge [...]. Die Wiedereinsetzung der Merowinger ist sowohl gesetzlich als auch moralisch sanktioniert und gerechtfertigt. Zwar ging das Geschlecht im achten Jahrhundert der Macht verlustig, aber es starb nicht aus. Im Gegenteil, es setzte sich in direkter Linie von Dagobert II. über seinen Sohn Sigibert IV. bis in unsere Tage fort [Pierre Plantard sieht sich laut einer merowingischen Herrschergenealogie als Nachfahre Sigiberts IV. und demnach Jesu Christi; Patrick Peters]. Aufgrund dynastischer Verschwägerungen sowie zahlreicher Heiraten zählen zu seinen Abkömmlingen nicht nur Gottfried von Bouillon, der 1099 Jerusalem eroberte, sondern auch verschiedene andere adelige und königliche Familien in Vergangenheit und Gegenwart [...]. Jetzt erhebt das Geschlecht der Merowinger wieder Anspruch auf sein rechtmäßiges Erbe."[138]

Wir fassen noch einmal zusammen. Jesus Christus zeugte mit Maria Magdalena Nachfahren, er begründete seine eigene Blutlinie, aus der die Merowinger hervorgingen. Dieses Geschlecht soll, auch oder vor allem in unserer Zeit, Anspruch auf den Thron Frankreichs als Stammsitz der Merowinger sowie die Herrschaft über die (katholische) Kirche einfordern. Diese ist durch das Geheimnis ohnehin in ihren Grundfesten erschüttert, da ihr Anspruch, die Lehre Christi in ihrem Sinne weiterzuführen, nicht haltbar ist. Deshalb hat sie alles daran, das Geheimnis ein Geheimnis bleiben zu lassen (zum Beispiel hat sie die Tempelritter mit Macht und Reichtum bestochen; als es der Kirche dann zu viel wurde, hat sie einen Angriff auf die Templer gestartet, bei dem sie das Geheimnis des Ordens jedoch nicht erlangen konnte). Ein gewisser Pierre Plantard gibt sich als *renewer* einer geheimen Organisation, die Prieurè de Sion, aus, die seit rund einem Jahrtausend nichts anderes tut, als Christi Nachfahren zu beschützen und ihre Rückkehr an die Herrschaft voruzbereiten. Dokumente dieser Prieurè de Sion belegen dies alles, zudem gibt es eine Liste mit allen Großmeistern, den *nautonniers*, die die Geschicke des Ordens lenken. Unter ihnen finden sich große Geister wie Leonardo da Vinci, Isaac Newton oder auch Claude Debussy.

Das alles klingt sehr unglaublich – und das ist es auch. Nichts von dem, was auf den vorhergehenden Seiten unter dem Oberpunkt der Spekulation aufgeführt und mit Zitaten aus der einschlägigen populärwissenschaftlichen Literatur begleitet wurde, ist wahr. Denn die Basis, auf dem all dies, was seit Baigent, Lincoln und Leigh geschrieben wurde, basiert auf den geheimen Dokumenten der Prieurè de Sion, den *Dossiers secret*, welche schon in den 1980er Jahren als einer Fälschung, die Pierre Plantard, einer größten Wichtigtuer der jüngeren Geschichte, verfasst hat, entlarvt wurden. Pierre Plantard umgab sich mit einer komplett erfundenen Geschichte, alles was er in Interviews sagte, was er schrieb, war von vorne bis hinten erlogen. Und es war einer seiner Mitstreiter, der seine große Lüge entlarvte und Plantard der Lächerlichkeit preisgab: 1983 beziehungsweise 1984 überwarf sich der Journalist Jean-Luc Chaumeil, der zum Freundes- und Verschwörerkreis um Pierre Plantard gehörte, mit dem Kreis und gab Interna aus der „Geschichte" der Prieurè de Sion an die Öffentlichkeit. Dabei berief er sich auf private Briefe

von Plantard und unter anderem Gérard de Sède, in denen sie ihren Schwindel besprechen. Nachdem bekannt wurde, dass die Prieurè de Sion alles andere als eine Vereinigung ist, die während des Kreuzzugs von Gottfried von Bouillon gegründet wurde, ruderte Pierre Plantard zurück und gab an, die Bruderschaft sei erst 1681 gegründet wurden – und zwar in Rennes-le-Château. Auch gab er eine erneuerte Liste der angeblichen Großmeister heraus, in die er zu jener Zeit Roger-Patrice Pelat einreihte, einen französischen Geschäftsmann und engen Freund des damaligen Staatspräsidenten Francois Mitterand. Leider nur wurde gegen Pelat 1989 im Zuge einer Finanzaffäre ermittelt, und als der Geschäftsmann kurz nach Eröffnung der Ermittlungen verstarb, dehnte die französische Polizei ihre Untersuchungen auf Menschen in Pelats Dunstkreis aus; und auf solche, die vorgaben, etwas mit ihm zu tun haben. Wie zum Beispiel Pierre Plantard. Das Haus des „letzten Merowingers“ wurde durchsucht, Plantard befragt. Dabei gab er dann letztendlich zu, dass die ganze Geschichte von vorne bis hinten erfunden war und keinen Funken Wahrheitsgehalt besitzt.
Die gesamten Spekulationen rund um den Heiligen Gral als Jesu Christi heiliges Blut, um die Templer als Hüter des Geheimnisses, um eine Organisation hinter den Templern, die bis heute aktiv ist und um eine angebliche Blutlinie Jeus, die sich über die Merowinger bis in die Gegenwart fortsetzt und ultimativen Herrschaftsanspruch erheben kann ist eine einzige große Farce. Ein verwirrter Geist glaubte sich in den Vordergrund spielen zu müssen, indem er sich eine Geschichte erspinnt, die – und das Potential hätte sie meiner Meinung durchaus gehabt – die althergebrachten Strukturen erschüttern könnte – und zahlreiche Autoren und ein Teil der Öffentlichkeit zieht an diesem Strang. So haben sich im Laufe der Jahre Geschichten um die ursprüngliche Geschichte des Heiligen Grals entwickelt, die irgendwann eine unaufhaltsame Lawine wurden. Kritische Stimmen wurden nichts ernst genommen, ja kaum gehört: Je abwegiger, je konträrer gegen herrschende Glaubenslehre und christliche Dogmen die Spekulationen waren, desto begieriger wurden sie aufgenommen! Die Entlarvung Plantards als Lügner, der in jungen Jahren auf ganz widerliche Art und Weise mit dem Antizionismus des frühen 20. Jahrhunderts sympathisierte und mit der Vichy-Regierung unter Petain, die mit den Nazis kollaborierte und zum Beispiel bei der Deportation französischer Juden mehr als behilflich war, half kaum dabei, das seltsame Bild, was vom Gral gezeichnet wurde, nachhaltig wieder zu revidieren. Natürlich: Das, was Autoren wie de Sède, Plantard und andere nach ihnen um

den Heiligen Gral herumgesponnen haben, bietet unglaublich viel Stoff für unglaublich unterhaltsame Geschichten – welche man aber einfach nicht glauben soll und vor allem kann. Anspruch dieses Kapitels war es in der Tat, ausgehend von den spekulativen Versatzstücken, eine unterhaltsame Zusammenfassung der Spekulation zu generieren, ohne dabei jedoch das Ziel aus den Augen zu verlieren, darzulegen, wie brüchig, wie durchlässig, wie unhaltbar dies alles ist.

V. Dan Brown's *Da Vinci Code*

Nachdem sich die Aufregung um die Thesen von Baigent, Lincoln und Leigh gelegt hatte, wurde es einige Jahre relativ ruhig um den Heiligen Gral. Gewiss, er war im kollektiven Gedächtnis verankert, Fernsehreportagen befassten sich mit ihm und machten den Komplex auch einem lesefernen Publikum zugänglich. Doch ein „Highlight", nicht im Sinne der Qualität, jedoch sehr wohl im Sinne der Bekanntheit, blieb für einige Jahre aus. Erst ab dem Jahre 2003 kam das Thema „Heiliger Gral" wieder zurück und erreichte nach den 1980er Jahren einen neuen Zenit des Interesses und der Beschäftigung seitens der produzierenden und konsumierenden Gruppen: Dan Brown publizierte seinen Roman *The Da Vinci Code*[139], auf deutsch *Sakrileg*[140]. Das Buch wurde in 44 Sprachen übersetzt und verkaufte sich weit mehr als 50 Millionen Mal; 2006 kam der gleichnamige Film, der eng an das Buch angelehnt ist, mit Tom Hanks in der Hauptrolle in Deutschland in die Kinos. Dan Brown führt in seinem Roman (traditionelle) Grals-Verschwörungstheorien und eine alternative Auslegung kirchlicher Dogmen und historischer Fakten zu einem flotten, extrem unterhaltsamen Stück Belletristik zusammen, formuliert hinsichtlich des Heiligen Grals jedoch auch einige Thesen, die zu neuerlichen Spekulationen Anlass gegeben haben. Doch kommen wir zuerst zu einer inhaltlichen Übersicht, bevor wir uns den Grals-Thesen Dan Browns und einer Interpretation seiner Symbolik zuwenden.

In aller Kürze geht es in Dan Browns Bestseller-Roman um – den Heiligen Gral. Dieser wird von einer mysteriösen Gesellschaft gehütet, die sich selbst als Prieuré de Sion bezeichnet und die eine lange und bewegte Geschichte haben soll. Als Feind dieser Gruppierung wird die orthodoxe römisch-katholische Laienbewegung „Opus Dei"[141] eingeführt, die den Heiligen Gral vernichten will. Auf ihrem ‚Kreuzzug' gegen Prieuré de Sion und den Gral wird Opus Dei vom britischen Historiker Leigh Teabing, einem der größten Gralsforscher in Dan Browns fiktivem Kosmos. Er spielt ein doppeltes Spiel, will er doch gerade – als großer Anhänger von Maria Magdalena – das Geheimnis des Grals lüften; dafür benötigt er Opus Dei als ‚Durchsetzer' seines Plans und Beschaffer des Grals. Hauptfiguren in *The Da Vinci Code* sind der amerikanische Kunsthistoriker und arrivierte Symbologe Robert Langdon und Sophie Neveu, Enkelin des letzten Großmeisters der Prieuré de Sion, der im Louvre getötet wird. Genau wie Opus Dei jagen Langdon und Neveu dem Heiligen Gral hinterher – und lassen sich auch von Teabing dabei unterstützen, bis sie seinen Verrat erkennen. Die Jagd führt die Grals-Sucher durch Paris und London und endet – für Neveu – in Schottland: in Roslin- oder auch Rosslyn-Chapel, einer spätmittelalterliche Kirche im Dorf Roslin bei Edinburgh. Ihr Grundriss entspricht dem des Herodianischen Tempels in Jerusalem, der auf den Mauern des Salomonischen Tempels (Tempelritter) aufgebaut wurde. In Roslin erfährt Neveu, dass sie selbst eine Nachfahrin der Merowinger und damit von Jesus ist. Damit trennen sich Neveu und Langdon – doch Browns Roman endet nicht an dieser Stelle. Zurück in Paris, folgt Langdon der fiktiven Rosenlinie, eine Idee, die Brown ausgehend vom Meridian von Paris, einem Nullmeridian, von dem aus die geographische Länge nach Osten und Westen bestimmt wird, entwickelt hat. Die Rosenlinie führt Langdon zum Louvre, wo er im Eingangsbereich zum zweiten Mal im Laufe seines Abenteuers die 1989 erbaute Pyramide sieht, die aus zahlreichen Glasvierecken besteht und heute als Haupteingang zum Museum genutzt wird (die Glaskonstruktion dient der großen Eingangshalle als Dach). Langdon fühlt sich von der Pyramide an einen Kelch erinnert, der für das Göttlich-Weibliche steht – und findet so den Aufenthaltsort des Heiligen Grals, also der Ruhestätte Maria Magdalenas. Eine wichtige Rolle spielt auch Leonardo da Vinci: Nach dem berühmten italienischen Renaissance-Künstler ist nicht nur der Roman im amerikanischen Original benannt. Da Vincis Kunstwerke sind kunsthistorische Stationen auf dem Weg zum Heiligen Gral, sie werden als ‚Geheimnisträger' von Dan Brown in seinen Roman eingebaut; zudem ist Leonardo da Vinci in Browns Kosmos bestens mit dem Heiligen Gral vertraut und kennt seine Geheimnisse.

Der Gral bei Dan Brown

Wir haben uns einen knappen inhaltlichen Überblick über Dan Browns Bestseller-Roman verschafft und kommen nun zu einer Analyse seiner Gralsdarstellung. Es ist offensichtlich, dass Dan Brown sich in erster Linie auf die Kernthese von Baigent, Lincoln und Leigh stützt. Auch für den amerikanischen Romancier ist Maria Magdalena der Heilige Gral, und zwar als Trägerin des heiligen Blutes Jesu Christi und der Mutter der Nachkommen des Menschensohns. Wie in *Der heilige Gral und seine Erben* begründen auch in

Browns Bestseller-Roman Jesus und Maria eine eigene Blutlinie, die sich im Geschlecht der Merowinger manifestiert. Eine weitere Übereinstimmung zwischen Roman und Sachbuch besteht in der Darstellung der Prieuré de Sion als Schutzbruderschaft des Heiligen Grals, also der Nachkommen Jesu Christi aus dem Geschlecht der Merowinger. Doch Dan Brown geht auch weit über das hinaus, was die Journalisten vorgelegt haben. Er beschränkt sich nicht darauf, die Thesen der Journalisten nur belletristisch umzusetzen, wie sie es ihm in einem Plagiatsprozess vor einiger Zeit vorgeworfen haben (Brown gewann den Prozess im Übrigen): Bei ihm steht der Heilige Gral nicht allein, sondern ist eingebunden in die Vorstellung eines geistlichen Kultes. Maria Magdalena repräsentiert im Roman einen „Kult der Großen Mutter", der bis in die Frühzeit des Christentums hinein existierte. Der „Kult der Großen Mutter" geht vom Konzept einer *Magna Mater*, einer Großen Mutter aus, und bezeichnet eine römische Göttin. Im römischen Reich wurde dieser Kult zu Anfang des dritten vorchristlichen Jahrhunderts eingeführt. Ursprünglich stammte die Idee der Großen Mutter aus Kleinasien, wo die Göttin Kybele[142] als diese *Magna Mater* verehrt wurde. Mittelpunkt des Kultes der Kybele-Verehrung ist ein schwarzer Stein, der angeblich im fünften Jahrhundert vor Christus in Kleinasien vom Himmel gefallen sein soll; dabei handelte es sich wahrscheinlich um einen Meteoriten. Dieser Stein wurde im Namen Kybeles von den Anhängern des Kultes gepriesen, während des Zweiten Punischen Krieges von den Römern erbeutet, in einer feierlichen Prozession nach Rom überführt und in einem Tempel installiert. Der Kybele-Kult wurde im Römischen Reich häufig mit dem ursprünglich ägyptischen Kult der Isis verbunden, der sich unter Kaiser Caligula bei den Römern etablieren konnte. Isis galt im alten Ägypten unter anderem als „Gottesmutter" angesehen, deren Schoß als der königliche Thron gilt (das erinnert in gewisser Weise an das Grals-Konzept, das Maria Magdalena in den Mittelpunkt stellt: Auch dort kommt der König aus dem Schoß). Doch was hat dies Religionsgeschichtliche mit der Grals-Idee Dan Browns zu tun? Ganz einfach: Es gibt Aufschluss über den Gedanken, der hinter des Autors Aufnahme des *Magna-Mater*-Kultes in den Grals-Kosmos beziehungsweise der Einbettung des Heiligen Grals in diesen Kult steht. Der ganze Mythos der Großen Mutter dreht sich um den Dualismus der Geschlechter, also der Vorstellung, dass das Universum aus einem männlichen und einem weiblichen Element besteht, und dass durch das Zusammenwirken dieser andersgeschlechtlichen Elemente die Welt entstanden ist. Den Heiligen Gral Dan Browns kann man, nimmt man alle Bereiche, die für diesen Komplex im Roman eine Rolle spielen, als ein Symbol für die Verehrung des weiblichen Elementes, des weiblichen Teils der göttlichen Schöpfungskraft ansehen. Dan Brown macht diese Verehrung eines göttlich-weiblichen Prinzips auch an anderer Stelle in seinem Roman fest – und zieht dafür den Maler Leonardo da Vinci heran. Sein berühmtes Gemälde *Das Abendmahl*, ein Wandgemälde in der mailändischen Kirche Santa Maria delle Grazie, zeigt Jesus im Kreise seine Apostel beim Abendmal am Gründonnerstag, also am Tag, bevor er ausgeliefert wurde. Zur Rechten Jesu, vom Betrachter aus gesehen also links, sitzt nach traditioneller Deutung Johannes. Für Dan Brown ist es jedoch, um seiner fiktionalen These von der Verehrung eines göttlich-weiblichen Prinzips Halt zu geben, Maria Magdalena. Zwischen Jesus und Johannes-Maria Magdalena ist die Lücke als nach unten zeigendes Dreieck angedeutet – nach Dan Browns Roman-Vorstellung ein Symbol für den Mutterschoß und damit das Göttlich-Weibliche. Damit findet man in dem Gemälde „Das Abendmahl" den (verschlüsselten) Beweis für die Gleichsetzung Heilige Gral-Maria Magdalena. Es braucht wohl nun nicht mehr erläutert zu werden, weshalb Dan Brown seinen Roman *Da Vinci Code* getauft hat: Er spielt damit auf die geheime Botschaft in da Vincis Gemälde an, durch die klar wird, was der Heilige Gral ist und was er bedeutet. Weshalb der Roman mit *Sakrileg* ins Deutsche übertragen wurde, kann ich nicht beantworten. Es gibt keinen Grund für die doch etwas seltsame Betitelung, wäre doch auch in unserem Sprachraum *Da Vinci Code*, gerne auch mit dem Artikel „der" davor, durchaus möglich gewesen, ohne sich dem Vorwurf eines bewussten „Verenglischens" auszusetzen.

Dan Brown verbindet für die Ausgestaltung seines Gralsmythos Thesen des 20. Jahrhunderts mit ins Fiktive übertragenen historischen Fakten. Alle seine Ideen rund um den Heiligen Gral sind nichts als Spekulation und fügen sich nahtlos in die lange Reihe der Irrungen und Wirrungen rund um den Gral ein. Wenn der amerikanische Autor Leonardo da Vinci als Zeuge für die Partnerschaft Jesu mit Maria Magdalena aufruft, ist das genauso wenig haltbar wie die Idee, dass sich das Grab Marias unter dem Louvre befindet und dass die umgedrehte Glaspyramide als „Wegweiser" zu diesem Grab gesehen werden kann. Dan Browns Roman ist Fiktion; gute Fiktion, aber es bleibt ein literarischer Text, dessen Kernaussagen den Bereich des Erfundenen nicht verlassen. Auch die Schriften, die er durch seinen Text angeregt hat, sind kaum einer Erwähnung oder Detail-Lektüre wert. Die meisten Autoren, die im Nachklang zu Brown ein Sachbuch verfassen zu müssen glaubten, wenden völlig haltlose Verschwörungstheorien auf die Aussagen Browns an, um das eine oder das andere nachzuweisen; oder sie nutzen den Roman als Ausgangspunkt, um einen größeren Bogen zu schlagen und Welt- und Heilsgeschichte quasi neu zu erklären. Und dennoch hat *The Da Vinci Code* ungeheuren Wert für unsere Betrachtungen des gesamten Gral-Komplexes. Dan Brown demonstriert uns, dass der Heilige Gral auch nach vielen, vielen Jahrhunderten immer noch die Phantasie hochrangiger Künstler beflügelt und sie in ihrem Metier zu Höchstleistungen aufsteigen lässt. Wolfram von Eschenbach beispielsweise hat eines der bedeutendsten Epen, vielleicht das bedeutendste Epos des deutschen beziehungsweise europäischen Mittelalters verfasst, indem er sich den Gral zum Zentrum nimmt; Richard Wagner hat sich durch den Gral – und Wolfram von Eschenbach – angesporn gefühlt, seine Oper *Lohengrin* zu komponieren; und vor wenigen Jahren hat eben jener Dan Brown es geschafft, sich durch einen Grals-Roman, und nichts anderes ist sein *Da Vinci Code*, in der modernen Belletristik unsterblich zu machen. Insofern mag es unsinnig sein, was er über die Natur des Heiligen Grals und seine Konsequenzen für die Welt schreibt, aber der Roman zeigt eindeutig, dass der Heilige Gral „lebt" und immer wieder Mittelpunkt für unterhaltsame und handwerklich hervorragende gemachte Kunstwerke sein kann. Es zeigt uns überdies, dass in der konsumierenden Öffentlichkeit kaum einer der Grals-Idee überdrüssig geworden ist. Der Gral bewegt die Gemüter, die Menschen wollen den Gral „erforschen", sie wollen in Geschichten eintauchen, die etwas mit dem geheimnisvollen *dinc* zu tun haben. Aber man kann sich in einer Sache ebenso sicher sein: Kaum einer will Lügen über den Heiligen Gral aufgetischt bekommen, kaum einer will sich von angeblichen Wissenschaftler und selbst ernannten Grals-„Forschern" erklären lassen, dass der Heilige Gral das Ende der katholischen Amtskirche und des traditionellen katholischen Glaubens wäre; und sicherlich ist auch kaum einer gewillt zu glauben, dass unter uns Nachfahren des Herrn Jesus Christus wandeln, die nur darauf warten, dass eine mehr als 900 Jahre alte Organisation ihnen zu ihrem rechtmäßigen Platz auf dem Thron Europas verhilft. Niemand braucht spekulative, verschwörungstheoretische Auswüchse, was der Heilige Gral ist und welche Umwälzungen mit seiner Aufdeckung verbunden wäre. Man möchte vielmehr von der Idee unterhalten, gepackt und vielleicht sogar ergriffen werden, denn pathetisch sind die Romane, die sich mit dem Heiligen Gral befassen, durchaus. Aber genauso möchte man dann allein, ohne angeblichen „Wahrheiten" von „Spezialisten" für sich den Gral entdecken, darüber nachdenken und seine eigenen, seine persönlichen Schlüsse aus alledem ziehen. Man möchte vielleicht für sich allein seine persönlichen Heiligen Gral definieren; und wenn das gelungen und man wurde nicht durch spekulativen Unsinn beeinflusst, hat man den Heiligen Gral *gefunden*! Symbolisch, ganz für sich; denn niemals wird irgendwer den Heiligen Gral auffinden und seiner habhaft werden. Denn ein geistlich-geistiges, göttlich-religiöses Symbol hat keine materialisierte Form, nicht als Mensch, nicht als *dinc*.

VI. Ende und Ausblick

Die Reise ist zu Ende. Jene Reise, die uns von Jerusalem durch das Heilige Land nach Paris geführt hat, aus der Zeit Jesu Christi und das Mittelalter bis in unsere Tage. Wir haben das historische Zentrum des Christentums zur Zeit Jesu Christi erkundet und dabei wichtige – aber dennoch kaum bekannte – Figuren wie Joseph von Arimathäa und Maria Magdalena kennen gelernt; und zwar im Kontext der ‚Mythenbildung' durch Robert de Boron in seinem Roman *Die Geschichte des heiligen Gral*. Dort erscheint der Gral als der Kelch des Letzten Abendmahls und geht somit direkt auf Jesus Christus zurück. Rund ein Jahrtausend später haben wir uns wieder ins Heilige Land aufgemacht, diesmal weniger auf den Spuren biblischer Gestalten als an den Fersen der lateinischen Kreuzfahrer, die das Land Jesu Christi für die Kirche und alle Gläubigen zurückerobern wollten. Im Zentrum des Ganzen: die Tempelritter und ihr Hauptquartier mitten in Jerusalem in den Stallungen des Salomonischen Tempels. Ihre Geschichte haben wir, nicht zuletzt gebannt durch Wolfram von Eschenbach und seine Beschreibung der Gralshüter als *templeise*, weiter verfolgt, gesehen, auf welche Art und Weise die Geschehnisse rund um diesen Orden in der zweiten Hälfte des 20. Jahrhunderts verarbeitet worden sind, diese Arbeiten bewerten und unsere eigenen Schlüsse daraus gezogen. Schlussendlich sind wir dann, einem erst kürzlich geborenen literarischen Mythos folgend, in Paris gelandet. Dort hat Dan Brown, der amerikanische Bestseller-Literat, seinen persönlichen Heiligen Gral in Form von Maria Magdalena, der angeblichen Ehefrau Jesu und Trägerin des ‚heiligen Blutes' begraben. Aus dieser Verbindung sollen dann Erben Jesu Christi hervorgegangen sein, die das heilige Blut in sich tragen.

Die Reise durch die Welt des Heiligen Grals findet hier also ihren Schluss, den Weg von *Jerusalem nach Paris*, um letztmalig auf den Titel des Buches zurückzukommen, ist beschritten. Wir haben uns mit dem Ursprung der Legende befasst, wie es ausgehend von den mittelalterlichen Gralsromanen zu fassen war; wir haben gesehen, wie der Heilige Gral im 20. Jahrhundert zur Durchsetzung von Partikularinteressen (zum Beispiel Pierre Plantard: peinliches Geltungsbedürfnis) instrumentalisiert wurde; wir haben spekulative Thesen über den Gral betrachtet, die im kollektiven Gedächtnis verankert sind (zum Beispiel die Rolle der Tempelritter); und wir haben auch gesehen, wie die große Tradition von künstlerisch hochwertigen Gralsromanen im 21. Jahrhundert durch Dan Brown fortgesetzt wurde. Browns *Sakrileg* ist nicht mit den mittelalterlichen literarischen Kunstwerken vergleichbar; es vergleichen zu wollen, hieße, sich mit den sprichwörtlichen Äpfeln und Birnen zu befassen.

Doch, was haben wir nicht alles nicht berücksichtigen können! Welch' große Kunstwerke haben keinen Eingang in diese Arbeit gefunden, welche (interessante) Spekulationen konnten wir nicht mehr behandeln. Wie viel noch fehlt, ist kaum festzustellen, denn der Gral hat in unendlichen vielen Werken der Literatur-, Musik- und Kunstgeschichte (und sicherlich auch Theologie, Philosophie, Psychologie, Kulturwissenschaften etc.) Eingang gefunden, wurde mannigfach ausgestaltet und immer wieder ‚neu erfunden'. Denn die ‚Mythenbildung' endet freilich nicht bei Dan Brown oder beschränkt sich auf die wenigen Texte, die wir hier unter die Lupe nehmen konnten: Es gibt derer so manche mehr. Indes: Die eigene, weiterführende Beschäftigung lohnt! Es muss nach der Lektüre dieses Büchleins lange nicht Schluss sein mit der persönlichen Suche nach dem Gral. Es gibt noch viel zu entdecken, zu lesen, zu hören, zu schauen. So könnte man beispielsweise Heinrich von dem Türlins *Diu Crône*[143] lesen, sich die Gralsrezeption in der romantischen Epoche oder bei dem englischen Literaten Alfred Lord Tennyson[144] anschauen, den Anblick der Grals-Wandtapisserie von Edward Burne-Jones genießen oder sich von hochwertigen Filmen wie *Perceval le Gallois* von Eric Rohmer oder auch *Die Ritter der Kokosnuss* von Monty Python zum Nachdenken anregen lassen. Oder warum nicht dem Grals-Mythos einmal in der Oper lauschen? In Richard Wagners romantischer Oper *Lohengrin*, auf die ich bereits kurz hingewiesen habe, geht es beispielsweise um den Heiligen Gral, mit Lohengrin ist ein Gralsritter aus Wolframs *Parzival* die Hauptfigur. Gleiches gilt für eine weitere Wagner-Oper, das Bühnenweihspiel *Parsifal*. Auch dort wird der Heilige Gral musikalisch verarbeitet. Man sieht: Es gibt genug zu tun, und wer nicht müde wird, sich mit dem Heiligen Gral zu beschäftigen, wird immer etwas zu tun finden.

Ich sprach in der Einleitung davon, einen Ausblick formulieren zu wollen, der dieses Buch schließt: Das habe ich bereits getan, als ich davon sprach, dass ein jeder für sich den Heiligen Gral suchen und, ganz *symbolisch*, finden kann. Gralsforschung indes soll und muss bleiben; nur darf sie nicht populistisch und beeinflussend sein, sondern soll den Gral in der Kunst untersuchen, seine Natur in der Darstellung von Künstlern analysieren und gegen

Spekulationen und Verschwörungstheorien und das falsche Postulat einer Welterschütterung durch den Gral vorgehen. Das ist mir, so hoffe ich, gelungen.

Bibliographie

Primärliteratur

Brown, Dan: *Sakrileg*. Übersetzt von Piet van Poll. Bergisch Gladbach 2006

Brown, Dan: *The Da Vinci Code*. New York 2003

Chrétien de Troyes: *Cligés*. Auf der Grundlage des Textes von Wendelin Foerster übersetzt und kommentiert von Ingrid Kasten. Berlin 2006

Chrétien de Troyes: *Erec et Enide*. Altfranzösisch/Deutsch. Übersetzt und eingeleitet von Ingrid Kasten. München 1979

Chrétien de Troyes: *Le Roman de Perceval ou Le Conte de Graal*. Altfranzösisch/ Deutsch. Übersetzt und herausgegeben von Felicitas Olef-Kraft. Stuttgart 1991 (= RUB 8649)

Chrétien de Troyes: *Yvain*. Altfranzösisch/Deutsch. Übersetzt und eingeleitet von Ilse Nolting-Hauff. München 1962

Das Nibelungenlied. Nach dem Text von Karl Bartsch und Helmut de Boor ins Neuhochdeutsche übersetzt und kommentiert von Siegfried Grosse. Durchgesehene und verbesserte Ausgabe. Stuttgart 2002 (= RUB 644)

Diu Crône von Heinrich von dem Türlin. Herausgegeben von Gottlob Heinrich Friedrich Scholl. Stuttgart 1852

Robert de Boron: *Die Geschichte des heiligen Gral*. Aus dem Altfranzösischen übersetzt von Konrad Sandkühler. Stuttgart[3] 1979

Tennyson, Alfred Lord: *The Poems and Plays of Tennyson*. London 1953 [und öfter]

Wolfram von Eschenbach: *Parzival*. Mittelhochdeutscher Text nach der Ausgabe von Karl Lachmann. Übersetzung und Nachwort von Wolfgang Spiewok. Stuttgart 1991 (= RUB 3681-3682)

Wolfram von Eschenbach: *Titurel*. Herausgegeben, übersetzt und kommentiert von Helmut Brackert und Stephan Fuchs-Jolie. Berlin 2002

Wolfram von Eschenbach: *Willehalm*. Text und Übersetzung. Berlin 2003

Sekundärliteratur

Antweiler, Wolfgang: *Das Bistum Tripolis im 12. und 13. Jahrhundert: Personengeschichtliche und strukturelle Probleme*. Düsseldorf 1991 (= Studia humaniora 20)

Baigent, Michael, Leigh, Richard, und Lincoln, Richard: *Der heilige Gral und seine Erben. Ursprung und Gegenwart eines geheimen Ordens. Sein Wissen und sein Macht.* Aus dem Englischen übertragen von Hans E. Hausner. Bergisch Gladbach 2002

Bauer, Martin: *Die Tempelritter. Mythos und Wahrheit.* Hamburg 2002

Bochinger, Christoph: *New Age und moderne Religion.* München² 1995

Boor, Helmut de: *Die höfische Literatur. Vorbereitung, Blüte, Ausklang 1170-1250.* Neunte Auflage. Mit einem neuen bibliographischen Anhang von Klaus. P. Schmidt. München⁹ 1974 (= Geschichte der deutschen Literatur. Von den Anfängen bis zur Gegenwart 2)

Bumke, Joachim: „Parzival und Feirefiz – Priester Johannes – Loherangrin. Der offene Schluss des *Parzival* von Wolfram von Eschenbach", in: *Deutsche Vierteljahresschrift für Literaturwissenschaft und Geistesgeschichte* 65 (1991), S. 236-264

Bumke, Joachim: *Geschichte der deutschen Literatur im hohen Mittelalter.* 4., aktualisierte Auflage. München 2000 (= dtv 30778)

Bumke, Joachim: *Mäzene im Mittelalter.* München 1980

Bumke, Joachim: *Wolfram von Eschenbach.* Vierte, durchgesehene und ergänzte Auflage. Stuttgart 1976 (= Sammlung Metzler 36)

Burdach, Konrad: *Der Gral. Forschungen über seinen Ursprung und seinen Zusammenhang mit der Longinuslegende.* Mit einem Vorwort zum Neudruck von Johannes Rathofer. Darmstadt 1974 [Erste Auflage Stuttgart 1938]

Demurger, Alain: *Die Templer. Aufstieg und Untergang 1120-1134.* München 1991

Demurger, Alain: *Die Ritter des Herrn. Geschichte der geistlichen Ritterorden.* Aus dem Französischen von Wolfgang Kaiser. München 2003

Demurger, Alain: *Der letzte Templer. Leben und Sterben des Großmeisters Jaques de Molay.* Aus dem Französischen von Holger Fock und Sabine Müller. München 2007 (= dtv 34420)

Dinzelbacher, Peter: *Bernhard von Clairvaux. Leben und Werk des berühmten Zisterziensers.* Darmstadt 1998

Die Wahrheit über den Da Vinci Code. *Das „Sakrileg" entschlüsselt.* Herausgegeben von Dan Burstein. Aus dem amerikanischen Englisch von Michael Müller, Andrea Ott, Jerry Hofer, Sebastian Vogel, Thomas Bertram und Wolfgang Seidel. München 2004

Edis, Rita: *Kybele*: *Mysteries of the Prima Mater.* Ohne Ort und Jahr

Golther, Wolfgang: *Parzival und der Gral in der Dichtung des Mittelalters und der Neuzeit.* Stuttgart 1925

Faber Richard, und Lanwerd, Susanne [Hrsgg.]: *Kybele, Prophetin, Hexe. Religiöse Frauenbilder und Weiblichkeitskonzeption.* Würzburg 2001

Firnkes, Manfred: „Konfrontation der christlichen und islamischen Welt: Die Zeit der Kreuzzüge", in: *Kaiser und Kalifen. Orient, Abendland und Afrika im hohen Mittelalter.* Herausgegeben von Heinrich Pleticha. Gütersloh 1996 (= Weltgeschichte in 12 Bänden, Band 5) S. 267-294

Harrison, Dick: *Verräter, Hure, Gralshüter. Judas Iskariot, Maria Magdalena, Pontius Pilatus, Josef von Arimathäa – Geschichten und Legenden.* Aus dem Schwedischen von Ingrid Bohn. Düsseldorf 2007

Hiestand, Rudolf: „Kardinalbischof Matthäus von Albano, das Konzil von Troyes und die Entstehung des Templerordens", in: *Zeitschrift für Kirchengeschichte* 99 (1988), S. 295-323

http://www.jonathan-dilas.de/Texte/evangelium-MM.html

http://www.kath.net/detail.php?id=14171

http://www.oecumene.radiovaticana.org/TED/Articolo.asp?c=163044

Katann, Oskar: „Einflüsse des Katharertums auf Wolframs Parzival?", in: *Wirkendes Wort* 8 (1957), S. 321-329

Keferstein, Georg: „Die Gawanhandlung in Wolframs *Parzival*", in: *Germanisch-romanische Monatsschrift* 25 (1937), S. 256-274

L'Osservatore Romano. Wochenausgabe in deutscher Sprache.

Leclerq, Jean [Hrsg.]: *Sancti Bernhardi Opera.* 8 Bände. Rom 1957-1977

Lexikon der Weltliteratur. Band II: Werke. Herausgegeben von Gero von Wilpert. Stuttgart 1968

Maurer, Friedrich: „Parzivals Sünden", in: *Deutsche Vierteljahresschrift für Literaturwissenschaft und Geistesgeschichte* 24 (1950), S. 327ff.

Mertens, Volker: *Der Gral. Mythos und Literatur.* Stuttgart 2003 (= RUB 18261)

Mohr, Wolfgang: „Parzival und Gawan", in: *Euphorion* 52 (1958), S. 1-22

Rahn, Otto: *Kreuzzug gegen den Gral.* Ohne Ort 1933

Ranke, Friedrich: „Zur Symbolik des Grals bei Wolfram von Eschenbach", in: *Trivium* 4 (1946), S. 20-30

Schröder, Franz Rudolf: „Parzivals Schuld", in: *Germanisch-romanische Monatsschrift* 9 (1959), S. 1-20

Schwietering, Julius: „Der Fischer vom See Brumbane", in: *Zeitschrift für deutsches Altertum* 60 (1923), S. 259-264

Sède, Gérard de: *Die Templer sind unter uns.* Berlin 1963

Störmer-Caysa, Uta: *Einführung in die mittelalterliche Mystik.* Stuttgart 1998 (= RUB 17646)

Wehr, Gerhard: *Europäische Mystik. Eine Einführung.* Wiesbaden ohne Jahr

von Wilpert, Gero: *Sachwörterbuch der Literatur.* 8., verbesserte und erweiterte Auflage. Stuttgart 2001 (= Kröners Taschenbuchausgabe Band 231)

Wolf, Werner: „Der Vogel Phönix und der Gral", in: *Studien zur deutschen Philologie des Mittelalters. Friedrich Panzer zum 80. Geburtstag.* Ohne Herausgeber und Ort 1950, S. 73-95

Wynn, Marianne: „Parzival und Gâwân – Hero and Counterpart", in: *PBB* 84 (1962), S. 142-172

Anmerkungen

[1] http://www.kath.net/detail.php?id=14171
[2] Vergleiche auch Gero von Wilpert: *Sachwörterbuch der Literatur.* 8., verbesserte und erweiterte Auflage. Stuttgart 2001 (= Kröners Taschenbuchausgabe Band 231), S. 714
[3] *Das Nibelungenlied.* Nach dem Text von Karl Bartsch und Helmut de Boor ins Neuhochdeutsche übersetzt und kommentiert von Siegfried Grosse. Durchgesehene und verbesserte Ausgabe. Stuttgart 2002 (= RUB 644)
[4] http://www.kath.net/detail.php?id=14171
[5] Mit einem Vorwort zum Neudruck von Johannes Rathofer. Darmstadt 1974
[6] Burdach, *Der Gral*, S. 4
[7] Burdach, *Der Gral*, S. 9
[8] Erstaunlich, jedoch gleichzeitig für sich sprechend, ist die Tatsache, dass der römische Legionär Longinus, der Jesus seine Seitenwunde zugefügt hat, relativ schnell als Märtyrer und Heiliger in den christlichen Glauben eingegangen ist. Longinus soll, zügig nach der Kreuzigung Christi, selber Christ geworden sein.
[9] Burdach, *Der Gral*, S. 381
[10] Christoph Bochinger: *New Age und moderne Religion.* München[2] 1995
[11] Robert de Boron: *Die Geschichte des heiligen Gral.* Aus dem Altfranzösischen übersetzt von Konrad Sandkühler. Stuttgart[3] 1979
[12] Wolfram von Eschenbach: *Parzival.* Mittelhochdeutscher Text nach der Ausgabe von Karl Lachmann. Übersetzung und Nachwort von Wolfgang Spiewok. Stuttgart 1991 (= RUB 3681-3682)
[13] Dan Brown: *The Da Vinci Code.* New York 2003
[14] Chrétien de Troyes: *Le Roman de Perceval ou Le Conte de Graal.* Altfranzösisch/Deutsch. Übersetzt und herausgegeben von Felicitas Olef-Kraft. Stuttgart 1991 (= RUB 8649)
[15] Wolfram von Eschenbach: *Parzival.* Mittelhochdeutscher Text nach der Ausgabe von Karl Lachmann. Übersetzung und Nachwort von Wolfgang Spiewok. Stuttgart 1991 (= RUB 3681-3682)
[16] Robert de Boron: *Die Geschichte des heiligen Gral.* Aus dem Altfranzösischen übersetzt von Konrad Sandkühler. Stuttgart[3] 1979
[17] Wolfram von Eschenbach: *Willehalm.* Text und Übersetzung. Berlin 2003
[18] Über seine Lebensdaten wissen wir nichts. Er muss jedoch bis nach 1220 gelebt haben, da er im Schlusssatz des *Willehalm* den Ende des ersten Jahrzehnts des 13. Jahrhunderts verstorbenen Landgrafen Hermann I. von Thüringen beklagt.
[19] Diese Gönner waren im hohen Mittelalter ausschließlich Adlige, ein Bürgertum als nicht-adlige, aber dennoch (einfluss)reiche gesellschaftliche Gruppierung gab es zu Wolframs Zeiten noch nicht.

[20] Vergleiche zu diesem Komplex Joachim Bumke: *Mäzene im Mittelalter*. München 1980

[21] Mittelhochdeutsche Epik war weitestgehend ‚Abschreibedichtung', die Werke – es handelte sich immer um französische Texte – übersetzt, umarbeitet und an die kulturellen Rahmenbedingungen im deutschen Reich anpasst. Das heißt (stark vereinfacht), dass beispielsweise höfische Szenen beziehungsweise ‚Rituale' ausgehend von den Zuständen an deutschen Adelshöfen geschildert werden.

[22] Wolfram von Eschenbach: *Titurel*. Herausgegeben, übersetzt und kommentiert von Helmut Brackert und Stephan Fuchs-Jolie. Berlin 2002

[23] Joachim Bumke: *Wolfram von Eschenbach*. Vierte, durchgesehene und ergänzte Auflage. Stuttgart 1976, (= Sammlung Metzler 36), S. 5

[24] Für detaillierte Informationen vergleiche Bumke, *Wolfram von Eschenbach*, Ss. 1f.

[25] Bumke, *Geschichte der deutschen Literatur*

[26] Bumke, *Geschichte der deutschen Literatur*, S. 180

[27] Man geht aufgrund des „gesteigerte[n] Altersstil[s] des Dichters" (Helmut de Boor: *Die höfische Literatur. Vorbereitung, Blüte, Ausklang 1170-1250*. Neunte Auflage. Mit einem neuen bibliographischen Anhang von Klaus. P. Schmidt. München[9] 1974 (= Geschichte der deutschen Literatur. Von den Anfängen bis zur Gegenwart 2), S. 122) davon aus, dass die *Titurel*-Fragmente vor 1219, dem Todesjahr Wolframs Gönners Landgraf Hermann I. von Thüringen, und nach oder zeitgleich mit dem *Willehalm* verfasst worden sind.

[28] Im späten Mittelalter (ab dem späten 13. Jahrhundert) wurde Wolframs Roman unter dem Titel *Jüngere Titurel* fortgesetzt.

[29] Die Münchener *Parzival*-Handschrift G

[30] de Boor, *Höfische Literatur*, S. 123

[31] de Boor, *Höfische Literatur*, S. 122

[32] de Boor, *Höfische Literatur*, S. 123

[33] Bumke, *Geschichte der deutschen Literatur*, S. 178

[34] Bumke, *Geschichte der deutschen Literatur*, S. 178

[35] de Boor, *Höfische Literatur*, S. 93

[36] Wir können nur kurz Inhalt und Interpretationen anreißen, für mehr ist hier nicht der Ort. Wer mehr über Gawan und die Gawan-Handlung erfahren möchte, dem seien unter anderem folgende Studien angeraten: Georg Keferstein: „Die Gawanhandlung in Wolframs *Parzival*", in: *Germanisch-romanische Monatsschrift* 25 (1937), S. 256-274; Wolfgang Mohr: „Parzival und Gawan", in: *Euphorion* 52 (1958), S. 1-22; Marianne Wynn: „Parzival und Gâwân – Hero and Counterpart", in: *PBB* 84 (1962), S. 142-172; ansonsten empfiehlt sich ein Blick in die einschlägigen Literaturgeschichte von etwa Bumke und de Boor für allgemeine Informationen zu den Motiven und Hintergründen der verschiedenen Abenteuerepisoden.

[37] Bumke, *Wolfram von Eschenbach*, S. 59

[38] Bumke, *Wolfram von Eschenbach*, S. 60

[39] Bumke, *Wolfram von Eschenbach*, S. 60

[40] Unter anderem: Joachim Bumke: „Parzival und Feirefiz – Priester Johannes – Loherangrin. Der offene Schluss des *Parzival* von Wolfram von Eschenbach“, in: *Deutsche Vierteljahresschrift für Literaturwissenschaft und Geistesgeschichte* 65 (1991), S. 236-264

[41] Bumke, *Wolfram von Eschenbach*, S. 66

[42] Bumke, *Wolfram von Eschenbach*, S. 64

[43] Franz Rudolf Schröder: „Parzivals Schuld“, in: *Germanisch-romanische Monatsschrift* 9 (1959), S. 1-20; hier S. 1

[44] Vergleiche Friedrich Maurer: „Parzivals Sünden“, in: *Deutsche Vierteljahresschrift für Literaturwissenschaft und Geistesgeschichte* 24 (1950), S. 327ff.

[45] Nach Augustinus’ Sündenlehre unterscheidet man zwischen peccatum als der willentlich gesetzten Sünde und der poena peccati, einer Sünde, die als Sündenstrafe wurzelhaft aus dem peccatum hervorgeht und als erneute Sünde somit Folge des ersten peccatum ist. Für Parzivals Sündenweg würde dies folgendes bedeuten: Bestimmt man den Gotteshass nun (zweifellos richtig) als poena peccati, so verweist diese auf ein vorhergehendes peccatum. Wenn Friedrich Maurer nun die drei ersten Sünden (Tod der Mutter, Tötung Ithers, unterlassene Frage) jedoch nicht als peccatum (weil Parzival sie im Grunde unwissentlich begangen hat, sich also einer Schuld nicht bewusst gewesen ist!) betrachtet, muss dem entsprechend die große Erbsünde der Menschheit als Ursprung dienen. Diese Deutung ist problematisch, denn setzt man die Erbsünde mit dem ersten peccatum gleich, so wäre die Möglichkeit einer voll bewussten Sünde des Einzelnen komplett ausgeschaltet und alles könnte auf die Erbsünde zurückgeführt werden. Einen anderen Weg schlägt man ein, wenn man mittelalterliche kirchliche Lehrsätze zu Rate zieht und sich etwas von Augustinus’ Lehren entfernt. Es existiert der Begriff der ignorantia, die die erbsündliche Belastung eines jeden Menschen bezeichnet. Ging man also im Mittelalter bei einer Sünde von diesem Fall aus, würde die Zurechenbarkeit der Schuld im Sinne von geistiger Zurechnungsfähigkeit geprüft. Wenn das Heilswissen des Einzelnen nicht zur Beurteilung von persönlicher Sündhaftigkeit ausreichte, wurde (äußerst selten) die ignorantia invincibilis zugestanden und die Sünde damit entschuldigt. Zumeist aber, und so auch im Parzival, wurde die ignorantia vincibilis zugesprochen und die Sünde blieb unentschuldbar.

[46] Kain tötet aus Neid seinen Bruder Abel, indem er ihm mit einem schweren Stein draußen auf dem Feld den Schädel einschlägt.

[47] Friedrich Ranke: „Zur Symbolik des Grals bei Wolfram von Eschenbach“, in: *Trivium* 4 (1946), S. 20-30, hier S. 21

[48] Beispielsweise hat Werner Wolf: „Der Vogel Phönix und der Gral“, in: *Studien zur deutschen Philologie des Mittelalters. Friedrich Panzer zum 80. Geburtstag.* Ohne Herausgeber und Ort 1950, S. 73-95 sich mit diesem Thema auseinandergesetzt.

[49] Burdach: *Der Gral*, S. 550

[50] Ranke, „Symbolik des Grals“, S. 21

[51] Von den Templern werden wir später Genaueres hören.

[52] Burdach, *Der Gral*, S. 557
[53] Burdach, *Der Gral*, S. 556
[54] Vergleiche Ranke, „Symbolik des Grals“, S. 24
[55] Julius Schwietering: „Der Fischer vom See Brumbane“, in: *Zeitschrift für deutsches Altertum* 60 (1923), S. 259-264
[56] Wolfgang Golther: *Parzival und der Gral in der Dichtung des Mittelalters und der Neuzeit.* Stuttgart 1925
[57] Eine mögliche Querverbindung in die keltisch-englisch Fabelwelt lässt indes die Eigenschaft des Speisenspendens zu: Es existiert ein Gedicht namens *The Spoils of Annwn* aus dem 6. Jahrhundert, das dem (legendären) walisischen Barden Taliesin zugeschrieben wird. Das Gedicht handelt von einer geheiligten Schale, die in der Unterwelt oder besser: Anderswelt der keltischen Mythologie zu finden ist. Zwei ihrer magischen Haupteigenschaften: nie versiegendes Speisespenden und die Regeneration von Kranken etc. Das erinnert freilich an Wolframs Darstellung – praktisch gilt aber das Gleiche wie für mögliche Einflüsse der orientalischen Literatur.
[58] Der Versroman ist eine Form der Verserzählung. Es handelt sich dabei um eine vom Inhalt her als Roman bestimmte Erzählung in Versform.
[59] Wir sprechen dabei von Artusdichtung, also Literatur, bei denen der legendäre britannische König Artus mit seinem Hofstadt einen gewissen Ankerpunkt der Romanhandlung bildet. Man denke beispielsweise an *Erec* oder auch *Parzival*, die beide ursprünglich von Chrétien stammten und auf die noch einzugehen ist.
[60] Chrétien de Troyes: *Cligés.* Auf der Grundlage des Textes von Wendelin Foerster übersetzt und kommentiert von Ingrid Kasten. Berlin 2006
[61] Chrétien de Troyes: *Erec et Enide.* Altfranzösisch/Deutsch. Übersetzt und eingeleitet von Ingrid Kasten. München 1979
[62] Über die versäumte Frage, also das epische Kernmotiv des Romans, müssen wir nicht mehr sprechen. Das wurde im Wolfram-Abschnitt zur Genüge behandelt; die Ergebnisse können auf Chrétien übertragen werden.
[63] Im Unterschied zu Wolfram zieht der sieche Burgherr keinen Nutzen aus dem Gral.
[64] Vergleiche Burdach, *Der Gral*, S. 434
[65] Burdach, *Der Gral*, S. 435
[66] Das werden wir im Abschnitt über Robert de Boron noch genauer betrachten.
[67] Burdach, *Der Gral*, S. 440
[68] Die Überlieferung ist, nun ja, überschaubar: Von Roberts de Boron Gralsroman existiert genau eine Handschrift, die vermutlich am Ende des 13. Jahrhunderts, also rund 100 Jahre nach dem Roman entstanden ist. Die Handschrift wird in Paris in der Bibliothèque Nationale unter der Nummer 20047 aufbewahrt. Dass nur eine Handschrift existiert lässt die Schlussfolgerung zu, dass das Werk nicht sonderlich viel Resonanz erfahren hat. Zum Vergleich: Ein Roman wie Gottfrieds von Straßburg *Tristan* ist in elf vollständigen und zahlreichen weiteren fragmentarischen Handschriften überliefert; das spricht für die Bedeutung des

Werkes.

[69] Ich verkürze an dieser Stelle die Darstellung, um bei der später nachfolgenden Grals-Analyse noch genügend Stoff zur Hand zu haben.

[70] Noch heute wird das Schweißtuch der Veronika als Reliquie verehrt.

[71] Roberts Hauptdarsteller Joseph von Arimathäa tritt in allen vier Evangelien auf und sorgte dafür, dass Jesus Christus vom Kreuz genommen und bestattet werden konnte. Dafür gab Joseph, ursprünglich ein reicher und einflussreicher Jude und vermutlich Mitglied des Hohen Rates von Jerusalem, der zum Jünger Jesu geworden war, sein eigenes Grab in der Nähe der Kreuzigungsstätte Golgatha her, aus dem Jesus, wie selbst die Verächter der christlichen Religion wissen, drei Tage später wieder auferstand. Davon sprechen alle Evangelisten, ich zitiere stellvertretend Matthäus (27, 57-60): Am Abend aber kam ein reicher Mann aus Arimathäa, der hieß Josef und war auch ein Jünger Jesu. / Der ging zu Pilatus und bat um den Leib Jesu. Da befahl Pilatus, man sollte ihm ihn geben. / Und Josef nahm den Leib und wickelte ihn in ein reines Leinentuch / und legte ihn in sein eigenes Grab, das er in einen Felsen hatte hauen lassen, und wälzte einen großen Stein vor die Tür des Grabes und ging davon. Vielmehr gibt es nun denn über diesen Joseph, ausgehend vom Neuen Testament, nicht zu berichten; die Evangelien erwähnen Joseph nur als den, der Jesus Christus im extra für ihn (Joseph) geschaffenen Felsengrab beerdigen lässt. Die Geschichte des jüdischen Christus-Jüngers wird in den Apokryphen fortgeschrieben, und in den Acta Pilati, die langläufig auch als Nikodemusevangelium bezeichnet werden. Dort spielt Joseph eine bedeutende Rolle, im Grunde handelt das Nikodemusevangelium weitgehend von seiner Person. Wir können hier kaum alle Stellen widergeben; das würde den Umfang der Arbeit bei weiten sprengen. Deshalb empfehle ich bei Interesse eine eigene Beschäftigung mit sowohl Apokryphen als auch Nikodemus-Evangelium.

[72] Man denke beispielsweise nur an die Kleidung Parzivals, die immer ‚telling', also aus sich heraus sprechend ist. Anfangs tritt er in Narrenkleidung auf, erweckt also das – von seiner Mutter beabsichtigte – Bild eines Schwachsinnigen, der nicht in die Gesellschaft gehört. Später wird er wie ein Fürst auf der Gralsburg ausgestattet, womit er einen neuen Habitus bekommt. Dieses sprechende Äußere gibt es bei Robert nicht, und es soll es auch nicht geben, eben weil die Gemeinschaft sich nicht über gesellschaftlichen Symbole, sondern das Befolgen der Christus-Lehre auszeichnet.

[73] Einige Elemente aus der Dichtung Robert werden auch im Spekulations-Kapitel noch einmal auftauchen, denn obwohl Robert durch seine relativ gerade und wenig zauberhaft-phantastische Grals-Darstellung erstmal kaum Möglichkeiten zur Entwicklung von Theorien und Spekulationen gibt, hat der Roman doch so manche weitergehende ‚Überlegung' genährt; besonders Joseph von Arimathäa wurde zum Mittelpunkt einer ganzen Reihe von ‚besonderen' Grals-Vorstellungen erhoben.

[74] **Kreuzzüge** (Auswahl): Jonathan Riley-Smith: *The Oxford Illustrated History of the Crusades.* Oxford 2001; Alfred J. Andrea: *Encyclopedia of the Crusades.* 2004; Hans E. Mayer: *Geschichte der Kreuzzüge.* 10., überarbeitete und erweiterte Auflage. München 2005; Steven Runciman: *Geschichte der Kreuzzüge.* Aus dem Englischen von Peter de Mendelssohn. München[5] 2006

Templerorden (Auswahl): Charles Greenstreet Addison: *The History of the Knights Templar, the Temple Church and the Temple.* London 1842; Alain Demurger: *Die Templer. Aufstieg und Untergang, 1120-1314.* München 1991; Malcolm Barber: *The New Knighthood. A History of the Order of the Temple.* Cambridge 1994; Dieter H. Wolf: *Internationales Templerlexikon.* 2003

[75] Über die Gründe des Papstes können wir hier nicht diskutieren. Sie sind vielschichtig und reichen von der Sorge über die unterdrückte christliche Bevölkerung im Nahen Osten bis hin zu kalten machtpolitischen Berechnungen. Vergleiche einführend Jonathan Riley-Smith: *Wozu heilige Kriege? Anlässe und Motive der Kreuzzüge.* Berlin 2005

[76] Vergleiche zum Volkskreuzzug unter anderem Frederic Duncalf: „The Peasants Crusade“, in: *American Historical Review* 26 (1921), Seite 440-453; Runciman, *Geschichte der Kreuzzüge*, S. 119ff.

[77] Beeindruckend und umfassend ist die Bibliographie des Historikers Alan V. Murray zum ersten Kreuzzug; sie ist unter: http://www.deremilitari.org/biblio/firstcrusade.htm kostenfrei und für jedermann zugänglich abrufbar.

[78] Die Verträge mit dem byzantinischen König Alexios I. Komnenos sollen hier nicht interessieren.

[79] Vergleiche Runciman, *Geschichte der Kreuzzüge,* S. 177

[80] Unter den Kreuzfahrerstaaten versteht man die während des Ersten Kreuzzuges in Palästina und Syrien errichteten Staaten der Christen. Dazu gehören: die Grafschaft Edessa; das Fürstentum Antiochia; das Königreich Jerusalem; und die Grafschaft Tripolis. Die Gesamtheit der Kreuzfahrerstaaten, die im oder nach dem ersten Kreuzzug im Küstengebiet von Kleinasien, Libanon, Syrien und Ägypten gegründet wurden, wird „Outremer“ genannt. Der Begriff leitet sich von französisch „outre mer“, also: „jenseits des Meeres“ ab. Auf die Kreuzfahrerstaaten soll, so interessant ihre Geschichte im Einzelnen sein mag, nicht weiter eingegangen werden; vergleiche die Hinweise in den eben genannten Anmerkungen für eine detaillierte Beschäftigung mit diesem Thema. Intensiv setzt sich Mayer, *Geschichte der Kreuzzüge* mit den Kreuzfahrerstaaten auseinander; die neueste Auflage des Standardwerkes sei wärmstens empfohlen.

[81] Runciman, *Geschichte der Kreuzzüge*, S. 192ff., 530ff.

[82] Runciman, *Geschichte der Kreuzzüge*, S. 203ff.

[83] Vergleiche zu der Haltung gegenüber dem Blutbad Runciman, *Geschichte der Kreuzzüge,* S. 274

[84] Runciman, *Geschichte der Kreuzzüge,* S. 273f.

[85] Gottfried von Bouillon entstammte einem alten Adelsgeschlecht, dessen Heimat das Herzogtum Bouillon im heutigen Südostbelgien war; er war der Sohn von Eustach II., Graf von Boulogne, und Ida, Tochter des Herzogs Gottfried III. von Niederlothringen. Seine Zeit in Europa, also vor dem Zug ins Heilige Land Ende des 11. Jahrhunderts, schien nicht einfach gewesen und für ihn – zumindest für einige Jahre – unbefriedigend gewesen zu sein. Von seinem Onkel Herzog Gottfried IV. von Niederlothringen wurde er zum Nachfolger und dem entsprechend auch rechtmäßigen Erben aller Besitztümer ernannt; nach dem Tod Gottfrieds IV. 1076 übergab ihm sein oberster Lehnsherr, König Heinrich IV., jedoch lediglich die Mark Antwerpen, die ohnehin Teil der Herrschaft Bouillon war. Trotz dieser Widrigkeiten kämpfte Gottfried von Bouillon für König Heinrich IV. im Investiturstreit (damit ist die Auseinandersetzung zwischen weltlicher und geistlicher Macht um die Einsetzung von Geistlichen in ihre Ämter im Mittelalter gemeint) gegen Rom – letztendlich wurde ihm von Heinrich das Herzogtum Niederlothringen doch zum Lehen gegeben.

[86] Joshua Prawer: *The Latin Kingdom of Jerusalem*. London 1972; Runciman, *Geschichte der Kreuzzüge*, S. 302ff.

[87] Nach der Zählung von unter anderem M. Firnkes: „Konfrontation der christlichen und islamischen Welt: Die Zeit der Kreuzzüge“, in: *Kaiser und Kalifen. Orient, Abendland und Afrika im hohen Mittelalter*. Herausgegeben von Heinrich Pleticha. Gütersloh 1996 (= Weltgeschichte in 12 Bänden, Band 5) S. 267-294

[88] Firnkes, „Konfrontation“, S. 280f.

[89] Vergleiche unter anderem Hannes Möhring: *Saladin, Der Sultan und seine Zeit 1138-1193*. München 2005 (= Beck-Wissen 2386)

[90] Wolfgang Antweiler: *Das Bistum Tripolis im 12. und 13. Jahrhundert: Personengeschichtliche und strukturelle Probleme*. Düsseldorf 1991 (= Studia humaniora 20)

[91] Alain Demurger: *Die Ritter des Herrn. Geschichte der geistlichen Ritterorden.* Aus dem Französischen von Wolfgang Kaiser. München 2003, S. 42

[92] Demurger, *Ritter*, S. 42

[93] Vergleiche Demurger, *Ritter*, S. 42; eine andere Studie sagt hingegen, dass die Templer wohl absichtlich neun Jahre lang „keine neuen Anwärter in ihre Gemeinschaft aufgenommen“ hätten (Michael Baigent, Richard Leigh, Henry Lincoln: *Der heilige Gral und seine Erben. Ursprung und Gegenwart eines geheimen Ordens. Sein Wissen und sein Macht.* Aus dem Englischen übertragen von Hans E. Hausner. Bergisch Gladbach 2002, S. 48. Diese These kann leicht widerlegt werden; vergleiche im Folgenden dazu meinen Text.

[94] Vergleiche Demurger, *Ritter*, S. 42

[95] Vergleiche zu den Problemen der Startzeit Demurger, *Ritter*, S. 42

[96] Zum Konzil von Troyes vgl. unter anderem: Rudolf Hiestand: „Kardinalbischof Matthäus von Albano, das Konzil von Troyes und die Entstehung des Templerordens“, in: *Zeitschrift für Kirchengeschichte* 99 (1988), S. 295-323

[97] Eine Annäherung an Bernhard kann unter anderem erfolgen über Peter Dinzelbacher: *Bernhard von Clairvaux. Leben und Werk des berühmten Zisterziensers.*

Darmstadt 1998; Uta Störmer-Caysa: *Einführung in die mittelalterliche Mystik*. Stuttgart 1998 (= RUB 17646); Jean Leclerq [Hrsg.]: *Sancti Bernhardi Opera.* 8 Bände. Rom 1957-1977; Gerhard Wehr: *Europäische Mystik. Eine Einführung.* Wiesbaden ohne Jahr; dazu kommen unendlich viele weitere selbständige und unselbständige Studien.

[98] Bernhard geht sogar so weit, in einem Lehrbrief theologische Rechtfertigungen für religiös motivierte Waffen- und Kampfeshandlungen vorzubringen.

[99] Es mag natürlich auch der Fall gewesen sein, dass Bernhard für seine Hilfe die Mitgestaltung der Ordensregeln als Dank empfangen hat.

[100] Die Ordensregeln haben viele Wissenschaftler untersucht; kompakt dargestellt worden sind sie von Alain Demurger: *Die Templer. Aufstieg und Untergang 1120-1134*. München 1991

[101] Dem Orden negativ gesonnene Autoren führen diese Tatsache als Beispiel für die Geldgier der Templer an; ich würde eine andere Lösung vorschlagen: Die Templer wollten sich nicht von Spenden abhängig machen und eine andere Einkommensquelle auftun, um ihre Aufgabe im Heiligen Land erfüllen zu können.

[102] Das gereichte zu keinem guten Ende; wir werden später noch einmal darauf zurückkommen müssen.

[103] Vergleiche unter anderem Demurger, *Templer*, S. 246ff.

[104] Es ist nicht zwingend notwenig, dem Geschöpf Baphomet und der angeblichen Verehrung einen besonderen Absatz zu widmen; deshalb an dieser Stelle ein kurzer Überblick. Wie im Text gesagt wurde, bestand einer der Anklagepunkte gegen die Templer darin, eine Art „Idol", also ein (häretisches) Götzenbild zu verehren. Indes, die Bezeichnung „Baphomet" (in den Prozessakten geschrieben „baffomet") taucht nur in wenigen Protokollen auf, die während der Prozesse in Südfrankreich angefertigt worden sind, und überhaupt bekannten sich nur sehr wenige Zeugen der Prozesse zu einer solchen Götzen-Anbetung. In einigen erhaltenen Dokumenten der Anklage wird das Idol als ein Kopf mit Bart beschrieben, in anderen wiederum ist von einer gänzlich schwarzen Statue, einem Kopf mit zwei oder mehr Gesichtern oder auch einer vierfüßigen Gestalt die Rede. Manche Texte sprechen auch davon, dass „Baphomet" eine Abwandlung von „Mahomet" für den islamischen Religionsstifter Mohammed gewesen sein könnte. Ich verzichte auf eine Bewertung dieser Überlegung.

[105] Jedem nur halbwegs Interessierten ist eine Schrift Alain Demurgers zu diesem großen Mann zu empfehlen: Alain Demurger: *Der letzte Templer. Leben und Sterben des Großmeisters Jaques de Molay.* Aus dem Französischen von Holger Fock und Sabine Müller. München 2007 (= dtv 34420)

[106] http://www.oecumene.radiovaticana.org/TED/Articolo.asp?c=163044; die Edition des Dokuments ist auf eine kleine Auflage von wenigen hundert Exemplaren begrenzt und kostet rund fünftausend Euro.

[107] Ich sagte ja, ich sei der Meinung, dass zwischen den Tempelrittern und Wolframs Roman keine Verbindung besteht und ich eine Identifizierung der Templer mit Wolframs „templeisen“ für unsinnig halte. Ich gehe in diesem Abschnitt jedoch sehr wohl auf genau die von mir vehement abgelehnte Verbindung ein um zu zeigen, aus welchen Ursprüngen sich die Idee, die Templer hätten etwas mit dem Gral zu tun, entwickelt haben *könnte*. Ich reklamiere natürlich keinen Anspruch auf Richtigkeit!

[108] Martin Bauer: *Die Tempelritter. Mythos und Wahrheit.* Hamburg 2002

[109] Als das Allerheiligste wird im israelitischen Tempel der innerste Raum bezeichnet, den die Juden als „Gottes Heimstatt auf Erden“ ansehen. Der Raum war besonders abgegrenzt und durfte nur einmal im Jahr, als Jom-Kippur-Fest, vom Hohepriester betreten werden.

[110] Gérard de Sède: *Die Templer sind unter uns.* Berlin 1963; die Paraphrase der Aussagen Gérard de Sèdes folgt Bauer, *Mythos und Wahrheit*, S. 238ff. da Gérard de Sèdes Werk seit vielen Jahren in Deutschland vergriffen ist.

[111] Die Grabeskirche befindet sich in der Altstadt Jerusalems, die sich angeblich ziemlich genau an der Stelle befinden soll, an der Jesus Christus nach seiner Kreuzigung begraben worden ist: In ihrem Inneren befindet sich die Grabeskapelle, das „Heilige Grab“. Die Grabeskirche zählt zu den größten Heiligtümern des Christentums, von Orthodoxen Christen wird sie als Auferstehungskirche bezeichnet.

[112] Gérard de Sède geht davon aus, dass das Templer-Kommando unter Gerhard von Villers und Hugo von Châlons genau wusste, dass die Ritter und ihr Schatz in keinem der größeren Häfen der französischen Küste vor den Augen der königlichen Polizei verborgen gewesen wäre. Deshalb, so die Idee des Autors, planten sie, den kleinen Hafen Eu (der, so vermuteten sie, weniger gründlich be- und überwacht werden würde) nördlich von Paris zu erreichen, um von dort aus ihren Schatz in Sicherheit zu bringen. Von Paris führt eine alte Römerstraße nach Eu; an dieser Straße liegt auch Burg Gisors. Möglicherweise haben unter Gerhard von Villers und Hugo von Châlons angesichts drohender Straßensperren und verschärfter Kontrolle der Wege und Häfen sich nun dafür entschieden, den Schatz in Burg Gisors zu verstecken.

[113] Bauer, *Mythos und Wahrheit*, S. 239

[114] Zitiert nach Bauer, *Mythos und Wahrheit*, S. 239

[115] Bauer, *Mythos und Wahrheit*, S. 239

[116] Katharina von Alexandrien gehört zu den beliebtesten katholischen Heiligen überhaupt und zählt zu den 14 Nothelfern. Diese 14 Nothelfer sind eine Gruppe von Christen, die überwiegend im zweiten, dritten und vierten Jahrhundert lebten und von Notleidenden als Schutzpatrone angerufen werden. Katharina von Alexandrien gilt vor allem als Helferin bei Leiden der Zunge und Sprachschwierigkeiten.

[117] Baigent/Lincoln/Leigh, *Erben*, S. 72

[118] Baigent/Lincoln/Leigh, *Erben*, S. 73

[119] „Die Bedeutung von >>Apostel<<“, in: *L’Osservatore Romano*. Wochenausgabe in deutscher Sprache 38 (2008), S. 1

[120] Dick Harrison: *Verräter, Hure, Gralshüter. Judas Iskariot, Maria Magdalena, Pontius Pilatus, Josef von Arimathäa – Geschichten und Legenden.* Aus dem Schwedischen von Ingrid Bohn. Düsseldorf 2007, S. 99

[121] Harrison, *Verräter, Hure, Gralshüter,* S. 99

[122] Harrison, *Verräter, Hure, Gralshüter,* S. 99

[123] Harrison, *Verräter, Hure, Gralshüter,* S. 99

[124] Ich will mit meinen plakativen und herausfordernden Äußerungen nicht in Gegenpartei zu allgemeingültigen (katholisch)-christlichen Dogmen und Lehrmeinungen treten, denen ich selbst streng zu folgen versuche. Aber für den Fortgang dieser Arbeit im Hinblick auf die Spekulationen rund um den Heiligen Gral sind solche Abschnitte nötig; zudem steht es dem immer Leser frei, sich sein eigenes Urteil über das Gesagte zu bilden.

[125] Die Gnosis (auch: der Gnostizismus) bezeichnet unterschiedliche religiöse Lehren und Gruppierungen, die in der Spätantike, dem 2. und 3. nachchristlichen Jahrhundert also, in Erscheinung traten. In der Literatur aus der damaligen Zeit werden als Gnostiker grundsätzlich alle Intellektuellen bezeichnet, denn das altgriechische Wort „gnosis“ bedeutet nichts anderes als „Kenntnis“ beziehungsweise „Erkenntnis“. Als Hauptmerkmal der gnostischen Lehre muss vor allem die negative Beurteilung der materiellen Welt gesehen, die die Gnostiker für eine Schöpfung eines eigenen Schöpfergottes ansehen. Dieser Schöpfergott, der Demiurg (nach Platon), hat nichts mit dem obersten, dem vollkommen jenseitigen Gott zu tun; dieser Gott den Menschen einen göttlichen Funken eingepflanzt, in dem die materielle Welt fremd, also das Böse, dass den Menschen von Gott trennende, nicht vorhanden ist. Wird dieser göttliche Funke von seinem Träger erkannt, kann der Mensch die materielle, vom Demiurgen geschaffene Welt, hinter sich lassen. Die Gnosis des 2. Jahrhunderts nach Christus stellt einen Mischmasch aus den verschiedensten zeitgenössischen Religionen des griechisch-römischen und orientalischen Kulturkreises dar.

[126] Zitiert nach: http://www.jonathan-dilas.de/Texte/evangelium-MM.html

[127] Harrison, *Verräter, Hure, Gralshüter,* S. 101

[128] Zitiert nach: *Die Wahrheit über den* Da Vinci Code. *Das „Sakrileg“ entschlüsselt.* Herausgegeben von Dan Burstein. Aus dem amerikanischen Englisch von Michael Müller, Andrea Ott, Jerry Hofer, Sebastian Vogel, Thomas Bertram und Wolfgang Seidel. München 2004, S. 41

[129] Baigent/Lincoln/Leigh, *Erben*, S. 311

[130] Die drei Autoren gehen so weit zu behaupten, dass Jesus die Kreuzigung überlebt habe. Dafür führen sie unterschiedliche „Beweise“ zu Felde, etwa den für sie seltsamen Todeszeitpunkt Jesu am Kreuz oder auch islamische und indische Sagen, die Jesu Tod ins Kaschmirgebirge – heute das Grenzgebiet zwischen Indien und Pakistan – verlegen. Diesen Hypothesen mag man glauben oder nicht, ich lasse es bei dieser Kurzdarstellung bewenden. Mein Anspruch ist es an dieser

Stelle ja gerade nicht, die Vorgehensweise und Behauptungen anderer Autoren detailliert zu bewerten, sondern nur einen Überblick über die Spekulationen und Hypothesen rund um den Gral und periphere Ereignisse zu liefern, um den Leser zum Nachdenken oder sogar eigener Forschung anzuregen.

[131] Baigent/Lincoln/Leigh, *Erben*, S. 324

[132] Die Merowinger sind das älteste bekannte Herrschergeschlecht der Franken, sie herrschten vom frühen 5. bis zur Mitte des 8. Jahrhunderts über das fränkische Reich. Es ist wissenschaftlich anerkannt, dass die Merowinger auf ihren König Childerich, einen Sohn des Herrschers Merowech, zurückgehen. Dieser Childerich führte das Christentum als bestimmende Religion in seinem Frankenreich ein und erhob es durch geschickte politische Züge und militärische Siege zu weltgeschichtlicher Bedeutung. Unter anderem besiegte er die Westgoten und die Alemannen. Im 8. Jahrhundert wurden Merowinger unblutig von den Karolingern abgesetzt, die daraufhin die Herrschaft über das fränkische Reich übernahmen.

[133] Baigent/Lincoln/Leigh, *Erben*, S. 20

[134] Baigent/Lincoln/Leigh, *Erben*, S. 21

[135] Baigent/Lincoln/Leigh, *Erben*, S. 23. Es macht Sinn, sich dort die Details des Umbaus anzuschauen; hier alles zu zitieren, würde zu umfänglich werden und zu weit vom Thema wegführen.

[136] Baigent/Lincoln/Leigh, *Erben*, S. 21

[137] Laut den geheimen Dokumenten der Sions-Bruderschaft half eine Gruppe kalabresischer Mönche aus der belgischen Abteil Orval Gottfried von Bouillon dabei, zum Herrscher von Jerusalem nach der erfolgreichen Einnahme der Heiligen Stadt 1101 gewählt zu werden. Die Mönche waren der Überzeugung, dass Gottfried ein Nachfahre der Merowinger und damit Jesu Christi gewesen ist. Als Dank gewährte Gottfried den Mönchen eine Heimstatt auf dem Tempelberg, der auch hin und wieder als Berg Zion bezeichnet wird. Dort gründeten die Männer dann sowohl die Prieuré de Sion als auch die Armen Ritter Christi, also den Orden der Tempelritter, der jedoch, wie wir wissen, erst für 1118 oder sogar noch etwas später offiziell belegt ist. Bis 1188 sollen die beiden Gemeinschaften die gleiche militärische und geistliche Führungsebene gehabt haben, erst am Ende des 12. Jahrhunderts spalteten sie sich in zwei Organisationen – die einen operierten sichtbar, die anderen zogen die Strippen.

[138] Baigent/Lincoln/Leigh, *Erben*, S. 88

[139] Dan Brown: *The Da Vinci Code*. New York 2003

[140] Dan Brown: *Sakrileg*. Übersetzt von Piet van Poll. Bergisch Gladbach[2] 2006

[141] Opus Dei (deutsch: Werk Gottes; gegründet 1928 von Priester Josemaria Escriva), eine Personalprälatur der römisch-katholischen Kirche, ist eine Laienbewegung, die als extrem vatikantreu und orthodox in ihren Ansichten gilt. Opus Dei hat sich zum Ziel gesetzt, das Alltagsleben von Laien „zu heiligen". Ihr Ruf in der Öffentlichkeit ist nicht der Beste, ihr wird ein extrem harsches „Regiment" über die Mitglieder und rigide Vorschriften zur Lebensweise vorgeworfen. Ich möchte mich an dieser Diskussion hier nicht beteiligen.

[142] Detaillierte Informationen zu Kybele, dem Mythos und der Ausgestaltung des Kultes finden sich unter anderem bei Richard Faber und Susanne Lanwerd [Hrsgg.]: *Kybele, Prophetin, Hexe. Religiöse Frauenbilder und Weiblichkeitskonzeption.* Würzburg 2001; Rita Edis: *Kybele: Mysteries of the Prima Mater.* Ohne Ort und Jahr.
[143] *Diu Crône von Heinrich von dem Türlin.* Herausgegeben von Gottlob Heinrich Friedrich Scholl. Stuttgart 1852
[144] Alfred Lord Tennyson: *The Poems and Plays of Tennyson.* London 1953 [und öfter]